Ihr Hobby

Leguane

Fred Taucher

Inhaltsverzeichnis

E-mail: bede-Verlag@t-online.de; Internet: http://www.bede-verlag.de
Konzept der Reihe „Ihr Hobby...", Herstellung und Gestaltung: bede-Verlag
Fachliche Durchsicht: Dr. sc. nat. Schmidt, Schönow

ISBN: 3-933 646-18-9
bede-Bestellnummer: HO 401

Einleitung

Eine kürzlich durchgeführte Studie über den Tiermarkt hat ergeben, daß sich allein in den USA mehr als 7,3 Millionen Reptilien in den Händen von Privatpersonen befinden. Das ständig wachsende Interesse an dieser Tiergruppe zeigt deutlich, daß diese Zahl in absehbarer Zukunft wohl weiter ansteigen wird.
Eine der beliebtesten Reptilienarten weltweit ist der Grüne Leguan – eine große, drachenartige Echse, die in Zentral- und Südamerika beheimatet ist. Über viele Jahre gab es jedoch bei der Pflege von Grünen Leguanen scheinbar unüberwindbare Probleme. Die Tiere litten unter Gesundheitsproblemen und verstarben letztendlich – was in den meisten Fällen auf die Ignoranz ihrer Halter zurückzuführen war. Andererseits kann man nicht allein die Halter verantwortlich machen, denn zu dieser Zeit standen nur wenige und meistens unvollständige Informationen über die richtige Pflege dieser Tiere zur Verfügung. Im Gegensatz zu Vögeln und Säugetieren sind diese wechselwarmen Reptilien nicht fähig, sich in kurzer Zeit an veränderte Klimabedingungen, einen fremden, künstlichen Lebensraum und eine ungewohnte Ernährung anzupassen. Dies gilt im besonderen Maße dann, wenn letztere wie in vielen Fällen mangelhaft ist. Dies war auch meistens der Grund dafür, daß die Tiere häufig nicht lange überlebten.
Im Lauf der Jahre wurden durch den persönlichen Einsatz vieler erfahrener, interessierter Terrarianer und durch von Zoologen und Veterinärmedizinern durchgeführte Forschungsstudien eine Fülle von Informationen zusammengetragen, die zu einem besseren Verständnis der Ansprüche von in Terrarien gepflegten Reptilien geführt haben. Aufgrund ihrer bemerkenswerten Beliebtheit sind die Grünen Leguane heute vielleicht besser erforscht als die meisten anderen Reptilienarten, wodurch der Pfleger nun in der Lage ist, diesen Tieren ein langes Leben bei bester Gesundheit zu ermöglichen.
Das soll jedoch nicht heißen, daß wir uns damit zufrieden geben sollten. Wir sind immer noch weit davon entfernt, alles über Grüne Leguane, ihre Lebensgewohnheiten, ihre Ernährung und ihr Fortpflanzungsverhalten zu wissen. Um in der Lage zu sein, diese Tiere in menschlicher Obhut in Stückzahlen zu vermehren, die die weltweite Nachfrage decken und die weitere Entnahme von Exemplaren aus der Natur überflüssig machen, ist noch einiges an Forschungsarbeit nötig.
Ich habe über die Jahre viele verschiedene Echsenarten, darunter auch etliche wunderschöne Grüne Leguane erfolgreich gepflegt, was mir nur

Unter optimalen Haltungsbedingungen sind Grüne Leguane und ihre Verwandten langlebige Pfleglinge. Dieser Gesichtspunkt sollte vor der Anschaffung solcher Tiere gut überlegt werden. Foto: I. Francais

durch das Studium vieler guter Bücher und Fachzeitschriften sowie viel Zeitaufwand und Ausdauer möglich war. Das hier vorliegende Buch ist dazu gedacht, dem Liebhaber von Leguanen zum Erfolg zu verhelfen. Es enthält alle notwendigen Informationen für die erfolgreiche Haltung und Vermehrung dieser ausgesprochen interessanten Tiere. Die meisten dieser Informationen beruhen auf meinen eigenen Erfahrungen in der Haltung von Leguanen, jedoch haben auch viele andere Autoren und Liebhaber mit ihren Erfahrungen zu diesem Buch beigetragen.

Roy A. King

Grundinformationen über Leguane

Wann immer vom Leguan gesprochen wird, denkt man unweigerlich zuerst an den bekannten Grünen Leguan aus dem tropischen Zentral- und Südamerika. Tatsache ist jedoch, daß die Familie der Leguane (Iguanidae) mehrere Arten umfaßt, von denen viele nicht einmal eine entfernte Ähnlichkeit mit dem Grünen Leguan zeigen. Obwohl der Grüne Leguan eines der beliebtesten Terrarientiere ist, sind auch viele andere Vertreter dieser Reptilienfamilie gut für die Terrarienhaltung geeignet.

Als die ersten spanischen Eroberungstruppen im 16. Jahrhundert auf den südlichen der Westindischen Inseln eintrafen, waren Grüne Leguane für sie eines der neuen und erstaunlichen Lebewesen, die es zu entdecken gab. Diese Reptilien standen bereits seit langem auf der Speisekarte der Karaiben, den Ureinwohnern der Karibischen Inseln. In ihrer Sprache hieß diese große, grüne Echse „iwana". Die Spanier übernahmen diesen Namen, der in ihrer Aussprache und Schreibweise zu „iguana" wurde – ein Name, der heute weltweit bekannt ist. Auch der deutsche Name „Leguan" ist aus dem spanischen „la iguana" abgeleitet.

Die Tatsache, daß Tierarten in verschiedenen Sprachen unterschiedliche Namen haben – manchmal hat ein Tier in der selben Sprache sogar zwei oder mehr unterschiedliche Namen – ist ein wichtiger Grund dafür, daß alle Tiere und Pflanzen individuelle wissenschaftliche Namen tragen. Dieses Konzept nahm Mitte des 18. Jahrhundert seinen Anfang,

Dieser weibliche Grüne Leguan erfreut sich offenbar bester Gesundheit. Es zeigt eine kräftige Färbung und hat einen soliden, rundlichen Schwanzansatz. Foto: I. Francais

als der schwedische Biologe Carl von Linné entschied, daß das System zur Klassifizierung von Tieren und Pflanzen einer rationellen Überarbeitung bedürfte. Er veröffentlichte eine Abhandlung („Systema Naturae"), die unter anderen auch eine vergleichende Aufstellung vieler Tiere enthielt, die ihm persönlich oder aus der von Linné, der sogar seinen eigenen Namen lateinisierte und sich Carolus Linnaeus nannte, wußte von der Existenz des Grünen Leguans, klassifizierte ihn als Echse und gab ihm 1758 den wissenschaftlichen Namen *Lacerta iguana*. Zehn Jahre später bemerkte ein anderer Biologe, Laurenti, die auffälligen Unterschiede zwischen

Wasseragamen können den Juntieren von Grünen Leguanen zum verwechseln ähnlich sehen. Ihnen fehlt unter anderem jedoch die charakteristische große Schuppe unterhalb des Trommelfells. Foto: Aqualife Taiwan

Literatur bekannt waren. Jedes dieser Tiere erhielt von ihm einen wissenschaftlichen Doppelnamen, bestehend aus dem Gattungs- und dem Artnamen. Der Grund für diese Entscheidung lag auf der Hand, denn zu dieser Zeit war Latein die internationale Sprache der Wissenschaften. Carl Leguanen und den kleinen europäischen Echsen, die ebenfalls als *Lacerta* bezeichnet wurden. Aufgrund dieser Erkenntnis separierte er den Grünen Leguan von den Lacerten und benannte ihn in *Iguana tuberculata* um. Der Engländer Gray erkannte dann 1827, daß der ursprüngliche Art-

Grüne Leguane besitzen eine vergößerte, perlartige Schuppe unterhalb der Ohröffnung. Diese ist bei ihrem engsten Verwandten, *I. delicatissima,* nicht vorhanden.
Foto: I. Francais

name erhalten bleiben müsse und die korrekte Namenskombination *Iguana iguana* lautet. Dieser wissenschaftliche Name ist auch heute noch gültig. Seit dieser Zeit wurde und wird die systematische Namensgebung für Tiere und Pflanzen ständig von Taxonomen (mit der Klassifikation von Arten befaßten Zoologen) aufgrund neuer Erkenntnisse überarbeitet und erweitert. Diese wissenschaftliche Tätigkeit hat auch kürzlich zu einer Überarbeitung der Familie Iguanidae geführt, wobei die vorher mehr als 700 Arten durch die Unterteilung der Familie Iguanidae in mehrere Familien auf etwas mehr als 20 Arten reduziert wurden.

Die Aussage, daß die Leguane ursprünglich aus Nordamerika stammen, genießt allgemeine Anerkennung. Die ältesten bekannten Fossilien, die zweifellose Verwandtschaftsbeziehungen erkennen lassen, wurden in Gestein aus dem Oligozän gefunden, datieren also aus einer Zeit vor etwa 35 Millionen Jahren und zeigen an, daß sie eine relativ junge Reptiliengruppe, gleichzeitig jedoch sehr alte Echsen repräsentieren.

Der jüngsten Revision nach umfaßt die Familie Iguanidae nur noch acht

Gattungen. Alle Arten dieser Familie sind relativ große, kräftige Echsen, von denen die meisten einen gezahnten Rückenkamm sowie einen relativ langen Schwanz besitzen. Die Gliedmaßen sind generell groß und kräftig, was die meisten Arten zu sehr agilen und schnellen Tieren macht.

Der Grüne Leguan

Die wohl bekannteste Leguanart ist der Grüne Leguan, *Iguana iguana*. Er kann eine maximale Gesamtkörperlänge von bis zu 2 m erreichen, jedoch bleiben die meisten Exemplare um einiges kleiner. Die Männchen sind gewöhnlich robuster und größer als die Weibchen.

Der Grüne Leguan besitzt einen großen, relativ kantigen Kopf, einen kräftigen, seitlich abgeflachten Körper und einen langen, ebenfalls seitlich abgeflachten Schwanz, der über 70 % der Gesamtlänge für sich einnimmt. Die gut entwickelten Gliedmaßen sind ausgesprochen kräftig, und die Finger und Zehen sind mit scharfen Krallen ausgestattet. Der Rückenkamm besteht aus zahlreichen, seitlich abgeflachten, biegsamen, den Zacken eines Kammes ähnelnden Fortsätzen, die vom Nakken über den Rücken bis auf den Schwanz verlaufen. Die deutlich erkennbare Kehlfahne wird sowohl bei der Revierverteidigung als auch bei der Partnerwerbung aufgestellt. Ein auffälliges Merkmal von *I. iguana* sind die beiden großen, runden Schuppen, von denen sich jeweils eine unterhalb der äußeren Ohröffnung

Schlüpflinge des Grünen Leguans sind attraktive, kleine Echsen. Sie können jedoch bis zum Abschluß der Eingewöhnungsphase relativ nervös sein.
Foto: I. Francais

Schuppen bedeckt. Die Schuppen an den Gliedmaßen und auf dem Bauch sind etwas größer und flacher als die an den Körperseiten.

Früher wurden für die Art *I. iguana* zwei Unterarten anerkannt – *I. iguana iguana* und *I. i. rhinolopha*. Die letztgenannte Form ist in Mexiko und Honduras beheimatet und zeigt auf der Nase kleine, hörnchenartige Erhebungen. Heute werden diese Tiere nur noch als eine Form von *I. iguana* betrachtet, denn dieses nur unwesentliche Unterscheidungsmerkmal reicht nach Ansicht der Wissenschaftler allein nicht aus, um ihnen berechtigt einen Unterartstatus zuzusprechen.

auf der Höhe des Endes des Unterkiefers befinden. Bei der einzigen anderen Art der Gattung, *I. delicatissima*, fehlt diese große Schuppe. Der Oberkörper ist mit kleinen, granulären

Grüne Leguane beginnen ihr Leben als scheue, grasgrüne Schlüpflinge mit einer Gesamtlänge von selten mehr als 25 cm. Wenn sie heranwachsen, wird die Körperfärbung etwas dunkler und auch matter, und viele Exemplare entwickeln eine blaue, braune oder rötlich braune Fleckenzeichnung. Alte Exemplare können ihre grüne Körperfarbe bisweilen fast vollständig verlieren und verfärben sich ins Olivgrüne bis ins Silbergraue oder -blaue, wobei die Färbung des Kopfes und im Nacken deutlich heller ist.

Die Verbreitung des Grünen Leguans

Diese Art ist von den tropischen Teilen Südamerikas, in nördlicher Richtung über ganz Zentralamerika und bis in den Norden von Mexiko hinein verbreitet. Außerdem bewohnt sie viele der vorgelagerten Inseln. Die Art wurde aber auch in Teile von Florida und nach Puerto Rico eingeschleppt, wo sie nachweislich gut gedeiht. Obwohl sie ursprünglich nur auf wenigen der Karibischen Inseln vorkam, wurde sie auch hier von den Ureinwohnern von Insel zu Insel verschleppt, noch lange bevor die ersten Europäer dort eintrafen. Natürlich ist der Grüne Leguan nur dort anzutreffen, wo die Lebensbedingungen seinen Ansprüchen entsprechen – geeignetes Futter, Wasser und ausreichender Sichtschutz. Vielerorts wurde sein Lebensraum durch die Ausbreitung der Menschen zerstört, womit gesagt werden soll, daß der Grüne Leguan dadurch aus vielen seiner ursprünglichen Verbreitungsgebiete völlig verschwunden und in anderen nur noch selten anzutreffen ist.

Lebensraum und Verhalten

Die Lebensweise von Grünen Leguanen wird als semiarboreal bis arboricol (baumbewohnend) bezeichnet. Sie leben in Gebieten mit dichtem Baumbewuchs, vorzugsweise in unmittelbarer Nähe von einer permanenten Wasserquelle. Sie ernähren sich überwiegend von Blättern, Knospen und Blüten von Bäumen und Sträuchern. Einige Populationen scheinen eine bestimmte Baumart zu bevorzugen, während sich andere von den Blüten, Blättern und Früchten vieler unterschiedlicher Baum- und Straucharten ernähren. Manche Tiere konnten beim Fressen von Gras, anderen niedrigwachsenden Bodenpflanzen und aquatischer Vegetation beobachtet werden. Wenn sie nicht gerade mit Fressen beschäftigt sind, lieben sie es, auf einem mehr oder weniger horizontalen Ast Sonnenbäder zu nehmen. Derartige Äste befinden sich oftmals hoch über dem Bodengrund und hängen häufig über einem Gewässer. Während des Sonnenbades liegen die Tiere fast unbeweglich auf ihrem Ast und verändern ihre Lage nur zu dem Zweck, um das eine oder andere Körperteil besser auf die Sonneneinstrahlung auszurichten.

Wenn es ihnen schließlich zu heiß wird, begeben sie sich für eine Abkühlung vorübergehend in den Schatten, um anschließend wieder auf ihren Sonnenplatz zurückzukehren. Während kalter Wetterperioden ziehen sie sich in einen ausgehöhlten Baumstamm oder einen Erdbau zurück, wo sie so lange verweilen, bis die Außentemperaturen wieder soweit angestiegen sind, daß sie ihren Aktivitätswerten entsprechen. Beim Sonnenbaden ist der Grüne Leguan ausgesprochen aufmerksam und sucht den Himmel ständig nach Raubvögeln sowie den Boden nach Anzeichen von anderen möglichen Feinden, Menschen eingeschlossen, ab. Beim geringsten Anzeichen für Gefahr verhält sich das Tier zunächst ausgesprochen ruhig, in der Hoffnung, daß es vom Feind noch nicht bemerkt worden ist. Ist das jedoch der Fall, läßt sich der Grüne Leguan von seinem Ast ins Wasser fallen, taucht unter und schwimmt mit Hilfe seines langen, abgeflachten und sich wellenförmig bewegenden Schwanzes in das schützende Dickicht der Wasservegetation. Zwischen Wasserpflanzen oder im Wasser befindlichen Baumwurzeln verharrend, steckt er vorsichtig Nase und Augen aus dem Wasser, um zu sehen, ob die Gefahr vorüber ist – wenn nicht, verweilt er ruhig in seinem Versteck und bewegt sich nur, wenn er sich von dem vermeintlichen Feind entdeckt glaubt. Auch nachdem die Gefahr vorbei ist, bleibt das Tier aus Sicherheitsgründen noch einige Zeit im Wasser, bevor es sich wieder an Land begibt und zurück auf seinen Baum klettert. Selbst wenn

Leguane lieben es, ein Sonnenbad zu nehmen. Dabei liegt das Tier fast unbeweglich und verändert seine Lage nur um die Sonnenstrahlen besser aufzunehmen. Foto: bede-Verlag

Auf dem Foto ist gut die typische Kehlfahne des Leguans zu sehen.
Foto: Detlef Handschack

sich der Sonnenbadeast nicht über dem Wasser befindet, verhält sich der Grüne Leguan in einer Gefahrensituation in der Art, daß er sich von seinem Ast fallen läßt. Allerdings landet er dann wie eine Katze auf allen Vieren auf dem Boden, wo er sofort und in einem beachtlichen Tempo in Richtung Deckung davonläuft. Sollte der Grüne Leguan der Konfrontation mit dem Feind nicht ausweichen können, zögert er nicht, seine scharfen Krallen, seine kräftigen Kiefer und Zähne und vor allem seinen langen Schwanz wie eine Peitsche zur Verteidigung einzusetzen.

Neben der hervorragenden Eignung als Verteidigungswaffe und Ruder beim Schwimmen erfüllt der Schwanz des Grünen Leguans aber auch noch andere Zwecke. Beim Herumklettern in Bäumen und Sträuchern dient der

Schwanz dem Tier als Gleichgewichtsstabilisator und Stütze. Wie viele andere Echsen kann auch der Grüne Leguan Teile seines Schwanzes als letzte Maßnahme der Verteidigung abwerfen, um den Feind so abzulenken. Der Schwanz des Grünen Leguans verfügt über mehrere sogenannte Sollbruchstellen, die sich jeweils an einem der vielen Schwanzwirbel befinden. Ergreift ein Feind den Schwanz des Tieres, wirft der Leguan ihn an einer dieser Sollbruchstellen ab. Aus diesem Grunde sollte ein Grüner Leguan niemals am Schwanz festgehalten oder sogar hochgehoben werden.

Zieht man die große Anzahl von potentiellen Feinden in Betracht, ist es nicht verwunderlich, daß der Grüne Leguan in der Natur ein ausgesprochen aufmerksames und vorsichtiges Verhalten zeigt. In einigen Teilen seiner Verbreitung können sogar ausgewachsene Grüne Leguane noch Freßfeinden wie dem Puma, dem Jaguar, kleineren Wildkatzen, Bären, Ottern, verschiedenen Adlern, Falken, Anakondas, Boas, Kaimanen und vorallem natürlich auch Menschen zum Opfer fallen. Junge Leguane sind ihrer geringeren Größe entsprechend stärker gefährdet und stehen auf dem Speiseplan etlicher kleinerer Fleischfresser und Raubvögel, zahlreicher Schlangen, Raubfische und ähnlichen Freßfeinden. Es gibt sogar einige Affen, die mit Vorliebe ganz junge Leguane verspeisen.

Schutzmaßnahmen

Erst während der letzten Jahrzehnte begannen Umweltschutzorganisationen damit, ihre gezielte Aufmerksamkeit der in dramatischer Weise ansteigenden Zerstörung wichtiger natürlicher Lebensräume wie den Regenwäldern zu widmen. Die teilweise explosionsartige Zunahme und Ausbreitung des Menschen, steht in direktem Zusammenhang mit einem ebenso drastisch steigenden Bedarf an mehr Lebensraum und landwirtschaftlichen Anbauflächen, was unweigerlich zu der Zerstörung von immer mehr natürlichen Lebensräumen führt. Grüne Leguane gehören zu den unzähligen Tier- und Pflanzenarten, deren Populationen durch den menschlichen Einfluß auf die Umwelt in bedenklicher Weise reduziert wurden. In manchen Gebieten, in denen Grüne Leguane einst ausgesprochen häufig vorkamen, sind sie heute eine Rarität oder vollständig verschwunden. Die „Convention on International Trade in Endangered Species of wild Fauna and Flora“ (CITES oder Washingtoner Artenschutzübereinkommen) hat den Grünen Leguan deshalb inzwischen in die Liste des Anhangs II aufgenommen. Das be-

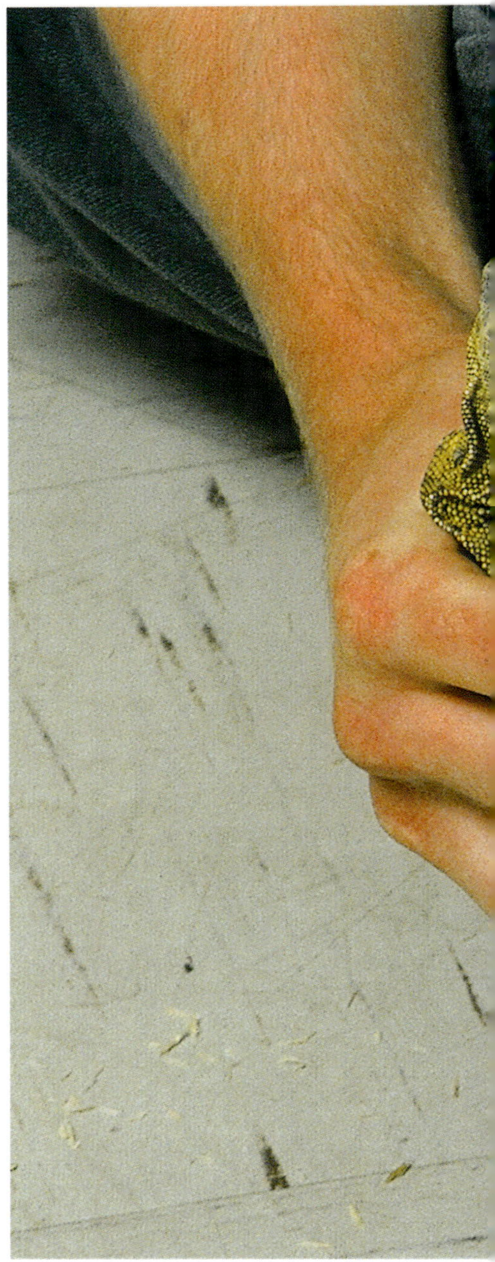

deutet, daß jeder, der Grüne Leguane im- oder exportieren will, im Besitz der entsprechenden, von den jeweiligen Ländern geforderten Papieren sein muß. Durch diese Maßnahme soll der Handel mit derartigen Tieren und Pflanzen kontrolliert und somit die Wildpopulationen geschützt werden. Leider benötigen diejenigen, die ganze Populationen von Grünen Leguanen durch das Zerstören ihrer Biotope ausrotten, keinerlei solche Dokumente. Wenn Tausende Quadratkilometer von Waldbeständen abgeholzt oder durch Brandrodung urbar gemacht und dadurch in nur kurzer Zeit die Lebensräume von vielen Tieren und Pflanzen vernichtet werden, bleibt das Thema Umweltschutz, Tierschutz und CITES-Papiere unerwähnt. Es ist offensichtlich, daß nationale und internationale Umweltschutzmaßnahmen einer dringenden Überarbeitung bedürfen – und zwar schnell, noch bevor der Grüne Leguan und viele andere einzigartige Tiere und Pflanzen für immer verloren sind.

Leguane sind sehr wehrhafte Reptilien. Es bedarf beim Umgang mit diesen Tieren schon einiger Kraft und Übung. Dieser Wirtelschwanzleguan weiß sich zu wehren und würde nicht zögern, seinen Pfleger bei einer sich bietenden Gelegenheit zu beißen.

Die Unterbringung

Glasterrarien

Die meisten Terrarianer verwenden anfangs fertige Vollglasbecken, die im Zoohandel erhältlich sind. Gewöhnlich handelt es sich dabei jedoch weniger um echte Terrarien als vielmehr um simple rahmenlose Aquarien ohne Wasser. Obwohl ein solches Glasbecken mit einer Größe von 90 x 45 cm (LxH) auf den ersten Blick für ein Pärchen frisch geschlüpfter Grüner Leguane durchaus geeignet erscheint, werden die Nachteile eines Aquariums bei genauerer Betrachtung schnell offensichtlich. Ein Fisch kann nicht klettern und so aus seinem Behältnis entweichen, und sein Wasser wird über die Pump- und Filteranlage mit Sauerstoff versorgt, wodurch sich zusätzliche Belüftungsöffnungen erübrigen. Grüne Leguane sind dagegen ausgezeichnete Kletterer und verlangen neben einer erhöhten Luftfeuchtigkeit eine ausreichende Versorgung mit Sauerstoff, die nur in einem gut belüfteten Terrarium gewährleistet ist.

Für ein Quarantänebecken ist Zeitungspapier der beste Untergrund. Es muß zwar täglich gewechselt werden, ist jedoch billig und saugfähig. Foto: M. und J. Walls

Einfache Vollglasterrarien dagegen, wie sie in vielen mit Reptilien handelnden Zoofachgeschäften, in verschiedenen Größen und Ausführungen angeboten werden, sind in den meisten Fällen bestens geeignet. Dabei bleibt es dem persönlichen Geschmack des Halters überlassen, ob er sich für eine Ausführung mit Rahmen oder für eine rahmenlose entscheidet, wobei die mit Rahmen wiederum meistens eher als Aquarien gedacht sind. Die rahmenlosen Modelle sind nicht weniger stabil und in den allermeisten Fällen genauso sorgfältig mit Silikon verklebt wie Aquarien.

Der wesentliche Unterschied zwischen einem Terrarium und einem Aquarium besteht darin, daß ersteres außer einer Abdeckung auch noch über mindestens zwei in den Seitenscheiben befindliche Lüftungsflächen verfügt, die sich allerdings wegen der Gefahr von Zugluft nicht direkt, sondern versetzt gegenüberliegen sollten. Außerdem unterscheiden sich die Abdeckungen von Aquarien ebenfalls von denen für Terrarien, die bei letzteren in erster Linie ausbruchssicher sein müssen.

Wem die Terrarien von der „Stange" nicht zusagen oder wer ganz spezielle Abmessungen benötigt, um das Terrarium in die Ecke einer bestehenden Einrichtung zu integrieren, der kann auch eine Maßanfertigung in Auftrag geben oder sich diese, vorausgesetzt er verfügt über das nötige handwerkliche Geschick und die erforderlichen Materialkenntnisse, auch selbst bauen. Es gibt einige exzellente Bücher, die sich ausschließlich mit dem Selbstbau und der Gestaltung von Terrarien beschäftigen. Terrestrische (bodenbewohnende) Echsen verlangen beispielsweise kein besonders hohes Terrarium, dafür aber eine ausreichend große Bodenfläche, wohingegen baumbewohnende oder kletternde Arten wie der Grüne Leguan ein sehr hohes – und aufgrund ihrer zu erwartenden Größe auch entsprechend tiefes und langes – Becken mit vielen Klettermöglichkeiten benötigen. Je nachdem wie hoch, lang oder tief das Terrarium sein soll, ob ein würfelförmiges, rechteckiges, achteckiges oder fünfeckiges Modell bevorzugt wird, kann eine Maßanfertigung oder ein Eigenbau anstelle einer zu öffnenden oder abnehmbaren Ab-

Die Krallen dieses Leguans sind sehr lang und scharf. Viele Kletteräste und Steine halten die Krallen im Terrarium auf natürliche Weise kurz. Foto: I. Francais

deckung auch mit vorderen oder seitlichen Schwing-, vertikalen oder horizontalen Schiebetüren versehen werden. Hierbei ist lediglich zu beachten, daß das somit oben geschlossene Becken über eine ausreichend große Lüftungsfläche im Dach verfügt.
Bei der Abdeckung für ein oben offenes Terrarium ist darauf zu achten, daß diese einen ausreichend großen Gazeeinsatz – vorzugsweise aus Aluminiumgaze – aufweist. Dieser Gazeeinsatz erfüllt zwei wichtige Haltungsanforderungen – zum einen können die für die Echsenhaltung unverzichtbare Tageslichtbeleuchtung und der Wärmestrahler darüber angebracht werden und Wärme und UV-Licht somit ungehindert in das Becken eindringen. Zum anderen dient die Gazefläche der Belüftung des Beckens. Manche Abdeckungen sind auch so konstruiert, daß sich in der Mitte, vorn oder hinten ein fester Lampenkasten zur Aufnahme einer oder mehrerer Leuchtstoffröhre befindet und die restliche Fläche aus Gaze besteht. In solchen Fällen ist darauf zu achten, daß die Lampenfassungen feuchtigkeitssicher und der Kasten unten zum Terrarieninnenraum hin nicht durch eine Plexiglas- oder Glasscheibe verschlossen ist. Ist dem so, muß diese Trennscheibe durch einen Gazeeinsatz ersetzt werden, denn sonst kann das UV-Licht nicht ungehindert in das Becken eindringen. Die Trennscheibe einfach wegzulassen und nicht durch Gaze zu ersetzen ist keine gute Idee, denn das bedeutet, daß die Tiere in direkten Kontakt mit den Beleuchtungskörpern kommen und sich so möglicherweise schwere Verbrennungen zuziehen können.
Für ein Terrarium der Marke Eigenbau wird kaum eine passende Abdeckung im Handel erhältlich sein, weshalb auch diese in Heimarbeit hergestellt werden muß. Auch hier finden sich in der betreffenden Fachliteratur viele Beispiele und Anregungen.

Holzterrarien

Natürlich gibt es außer Glas auch noch eine Reihe von anderen Materialien, die zum Bau eines Terrariums verwendet werden können. Ein Beispiel dafür ist Holz. Tatsächlich bevorzugen viele Terrarianer für halbwüchsige bis erwachsene Grüne Leguane ein Holzterrarium mit einer Glasfront aus Schiebescheiben oder Schwingtüren. Der Vorteil liegt hier in der Tatsache, daß Holz leichter als Glas und in vielen Fällen auch einfacher zu bearbeiten ist. Allerdings hat ein Holzterrarium auch einige Nachteile, denn sämtliche Holzflächen müssen unbedingt und sehr sorgfältig mit einem Epoxydharz gegen Einwirkung von Feuchtigkeit behandelt werden. Diese Harze sind einerseits sehr teuer und

Grüne Leguane leben semiarboreal bis arboricol und in unmittelbarer Nähe einer ständigen Wasserquelle. Diese Lebensweise muß bei der Unterbringung im Terrarium natürlich berücksichtigt werden.
Foto: bede-Verlag

entwickeln andererseits für die Tiere giftige Gase, weshalb sie unbedingt vollständig ausgehärtet sein müssen und das fertige Terrarium über einige Tage gründlich ausgelüfter werden muß, bevor die Tiere einziehen können. Dennoch sind gut verarbeitete Holzterrarien durchaus für die Haltung von verschiedenen großen Echsenarten, besonders von solchen aus trockeneren Verbreitungsgebieten geeignet. Für Arten aus tropischen Regenwäldern wie dem Grünen Leguan ist allerdings ein Vollglasterrium vorzuziehen, denn neben der verlangten Luftfeuchtigkeit benötigen Grüne Leguane auch einen zum Baden und auch Schwimmen ausreichend großen Wasserteil.

Es steht außer Frage, daß dieser gelegentlich auch überschwappt und der Terrarienboden somit einer hohen Feuchtigkeitsbelastung ausgesetzt ist, was selbst bei sehr sorgfältig imprägnierten Holzböden früher oder später zu irreparablen Schäden führt. Auch bei einem Holzterrarium kommt man nicht um das Einbauen der

bereits erwähnten Lüftungsflächen herum, und es ist auch nicht damit getan, einige Holzplatten mit Holzkleber aneinander zu leimen, denn eine solche Konstruktion wäre viel zu instabil. Neben ausreichend dicken Holzplatten (wenigstens 12, besser 16 oder 18 mm stark) und Holzleim werden hier auch nichtrostende Schrauben benötigt, die dem Ganzen die nötige Stabilität verleihen.
Im Gegensatz zu dem relativ kleinen Terrarium für ein Pärchen sehr junger Grüner Leguane, wird für ein halbwüchsiges Pärchen bereits eine Mindestgröße von 200 x 100 x 120 cm (LxBxH) verlangt, wobei man hier schon die Faustregel „je größer umso besser" zugrunde legen kann. Die ideale Terrariengröße für ein ausgewachsenes Grünes Leguanpärchen kann in etwa mit den Abmessungen eines halben großen oder eines ganzen kleinen Zimmers verglichen werden. Da eine Konstruktion von dieser Größe nicht mehr auf einen Unterschrank oder einen Tisch paßt, ist ein stabiles Stahlgestell oder ein gemauerter Unterbau erforderlich. Ein Teil eines Raumes – oder auch ein ganzer – mit Betonfußboden wäre die Alternative. Wer im dritten Stockwerk einer Altbauwohnung mit Holzfußboden wohnt, wird wegen der Masse eines solchen Großterrariums und der zulässigen Belastbarkeit des Bodens

den fachmännischen Rat eines Baustatikers einholen müssen, bevor Sie am Abend nach der Arbeit nach Hause kommen und anstatt eines Terrariums ein großes Loch im Fußboden und die Tiere nebst den Überresten des Terrariums ein Stockwerk tiefer bei einem vermutlich äußerst aufgebrachten Nachbarn vorfinden.

Heizung

Grüne Leguane stammen aus tropischen oder zumindest subtropischen Regionen und sind wie alle Reptilien poikilotherme (wechselwarme) Tiere. Als solche sind sie nicht in der Lage, ihre optimale Körpertemperatur ohne die Hilfe einer externen Wärmequelle zu erlangen und aufrechtzuhalten. In der Natur erreichen die Tiere ihre optimale Aktivitätstemperatur durch Sonnenbäder an von der Sonne direkt beschienenen Plätzen und halten diese durch das Thermoregulationsverhalten relativ konstant, indem sie sich zwischen schattigen – zum Abkühlen – und von der Sonne erwärmten – zum erneuten Aufheizen – Bereichen hin und her bewegen.

Nur wenige Halter von Grünen Leguanen haben die Möglichkeit, ihre Tiere ganzjährig in einer Freianlage zu pflegen, wo die beschriebenen Verhältnisse herrschen. Selbst wenn es sich um Gebiete handelt, wo auch im Winter verhältnismäßig häufig die Sonne

Die Nasenschuppen dieses männichen Grünen Leguans haben sich zu hornartigen Fortsätzen entwickelt. Diese „Nasenhörner" sind für Leguane aus Mexiko und Guatemala typisch, treten jedoch auch in anderen Populationen auf. Foto: I. Francais

Grüne Leguane sind begeisterte Kletterer und fühlen sich auf Ästen hoch über dem Boden am wohlsten. Stabile Kletteräste sind in einem Leguanterrarium ein Muß.
Foto: J. Merli

scheint, so sind die Temperaturen doch auch dort meistens nicht hoch genug, um die Tiere das ganze Jahr über im Freien halten zu können. Es ist auch kein guter Einfall, ein Glasterrarium der direkten Sonneneinstrahlung auszusetzen, indem es beispielsweise einen Fensterplatz erhält. Die Sonnenstrahlung würde das Terrarium durch die Glasscheiben innerhalb von kurzer Zeit dermaßen stark aufheizen, daß die Tiere den Hitzetod erleiden würden. Die beste, sicherste und eigentlich einzige Möglichkeit zur Schaffung eines Sonnenbadeplatzes in einem Terrarium ist deshalb eine technische Lösung des Problems.

Es soll an dieser Stelle vorweggenommen werden, daß die Art von Wärmequelle, die zur Schaffung des oder der Sonnenbadeplätze dient, in den meisten Fällen nicht als einzige Wärme- oder Lichtquelle ausreicht und somit durch andere Hilfsmittel ergänzt werden muß, auf die wir in

weiteren Textabschnitten näher eingehen werden. In früheren Zeiten wurden Terrarien mit einfachen Glühlampen beheizt und beleuchtet. Heute stehen viel bessere und effektivere technische Möglichkeiten zur Verfügung. Spotstrahler stehen hier an erster Stelle. Sie sind Keramikstrahlern aus verschiedenen Gründen vorzuziehen. Keramikstrahler sind meist flach rechteckig oder quadratisch oder auch erlenmeierkolbenförmig mit einem passenden Reflektor. Sie geben kein sichtbares Licht ab, worin ihre Gefahr besteht. Reptilien suchen zwar gezielt die Wärme auf, können deren Intensität aber anscheinend nur im Zusammenhang mit Licht richtig einschätzen. So kommt es unter lichtlosen Wärmequellen häufig zu Verbrennungen. Ein Keramikstrahler ist aber eine gute Möglichkeit, das gesamte Terrarium über Nacht auf einer bestimmten Temperatur zu halten.

Der Spot- oder Punktstrahler besteht aus einer speziell geformten Lampe – dem Strahler – mit einem begrenzten Strahlungskegel in einer Reflektorfassung und gibt neben Wärme auch Licht ab. Er stellt somit die tiergerechte Variante dar. Der oder die Wärmestrahler werden über dem Terrarium installiert, so daß die Strahlung durch den Gazeeinsatz im Deckel oder Dach ungehindert in den Innenraum eindringen kann. Außerdem wird der Strahler so ausgerichtet, daß er einen bestimmten Punkt – vorzugsweise eine Astgabel – bestrahlt. Der Abstand zwischen dem Strahler und der zu erwärmenden Fläche muß so bemessen sein, daß die Temperatur am Sonnenbadeplatz das erlaubte Maximum nicht überschreitet. Die bevorzugte Körpertemperatur von Grünen Leguanen liegt bei etwa 31 °C, weshalb die Werte am Sonnenbadeplatz nicht

Alle Reptilien sind poikilotherm, das heißt wechselwarme Tiere. Sie brauchen im Terrarium einen Platz zum Sonnen sowie ein schattiges Plätzchen, wenn es ihnen zu warm wird.

höher als 35 bis 38 °C liegen sollten. Falls es unumgänglich ist, den Strahler im Terrarium zu installieren, sind wasserfeste Fassungen und Kabelverbindungen absolut erforderlich. Außerdem ist durch entsprechende Drahtkäfige dafür zu sorgen, daß die Tiere keine Möglichkeit haben, zu dicht an den Strahler heran oder sogar in direkten Kontakt mit ihm zu kommen. Spotstrahler sind in den Elektroabteilungen von Kaufhäusern oder im Elektrofachhandel, Keramikstrahler nur im terraristischen Fachhandel erhältlich. Beide bekommen Sie in unterschiedlichen Leistungsstärken. Keramik-Heizstrahler sind nicht billig und nur ab einer Leistungsstärke von 60 meist sogar erst 100 Watt, dafür aber bis 2 500 Watt verfügbar. Für kleinere Terrarien eignen sie sich nur, wenn ihre Leistung mittels eines Dimmers gedrosselt wird. Sie haben eine extrem lange Betriebsdauer. Die preiswerteren Spotstrahler haben eine kürzere Brenndauer, sind aber bereits in sehr niedrigen Leistungsstärken erhältlich und eignen sich auch für kleinere Terrarien.

Es ist nicht in allen Fällen erforderlich, den Sonnenbadeplatz den ganzen Tag über anzustrahlen. In der Regel nehmen die Tiere bevorzugt am Morgen und während der frühen Nachmittagstunden Sonnenbäder, so daß die tägliche Betriebsdauer des Strahlers über eine Zeitschaltuhr geregelt werden kann. In den meisten Fällen ist eine Strahlungsdauer von drei Stunden morgens und drei Stunden am frühen Nachmittag ausreichend.

Wenn man einmal von kleinen Terrarien absieht, ist ein Wärmestrahler allein zur Schaffung und Erhaltung der von Grünen Leguanen benötigten höheren Lufttemperaturen nicht ausreichend. Aus diesem Grunde ist die Verwendung einer zusätzlichen Heizquelle zu empfehlen. Hierzu eignen sich für kleine bis mittelgroße Terrarien Unterbodenheizungen wie Heizmatten oder -kabel am besten. Im Fachhandel sind diese in unterschiedlichen Leistungsstärken erhältlich. Welche Wattzahl sich für welches Terrarium am besten eignet, hängt von den geforderten Lufttemperaturen, der Terrariengröße und der Höhe der darin befindlichen Substratschicht ab.

Heizkabel oder -matten werden unter dem Terrarienboden so verlegt, daß die Heizung nur etwa die Hälfte der gesamten Bodenfläche einnimmt. Nehmen Sie die Hälfte, die sich gegenüber de Sonnenbadeplatzes befindet. Diese Heizung ist in der Regel den ganzen Tag über in Betrieb und wird nachts hinuntergeschaltet, so dass sich eine Nachtabsenkung um etwa 3–5 °C auf etwa 20 °C ergibt. Eine Beheizung des Terrariums während der Nachtstunden ist überflüssig, wenn dieser Wert der Raumtemperatur entspricht. Wegen der Gefahr von Verbrennungen sollten derartige Heizungen niemals direkt im Terrarium verlegt werden, es sei denn, sie sind laut Herstellerangaben ausdrücklich dafür geeignet.

Wer sich für ein Holzterrarium entschieden hat und eine solche Art von Unterbodenheizung verwenden möchte, muß das Terrarium mit einem doppelten Boden versehen. Aufgrund der wärmedämmenden Eigenschaften von Holz ist das Verlegen der Heizung unter dem Terrarium ziemlich sinnlos, denn die Wärme kann durch den Holzboden nicht in das Becken gelangen. In solchen Fällen wird über dem Holzboden als Zwischenboden eine Glasplatte eingezogen. Diese wird auf kleinen Holzsockeln oder -leisten als Abstandhalter in das Terrarium gelegt. Der Raum zwischen dem Holzboden und der Glasplatte sollte einen Zentimeter betragen, etwas mehr als die in diesem Zwischenraum zu verlegende Heizung in Anspruch nimmt. Für sehr große Terrarien können auch die leistungsstärksten Un-

Beachten Sie die völlig intakte Schnauze dieses Grünen Leguans. Er wird vermutlich in einem sehr großen Terrarium ohne scharfkantige Einrichtungsgegenstände gehalten. Foto: W.B. Allen

Für einen Schwarzleguan ist Sand ein geeignetes Bodensubstrat. Dieser *Ctenosaura pectinata* stammt aus den halbwüstenartigen Gebieten Zentralamerikas. Foto: R. Simmons

terbodenheizungen unzureichend sein. Hier empfiehlt sich eventuell das Verlegen einer Fußbodenheizung – wie für Wohnräume unter dem Teppichboden gedacht – oder der Einsatz mehrerer kleiner oder zwei großer Keramikheizer – je nach Wattzahl und geforderter Lufttemperatur.

Seit geraumer Zeit ist noch eine andere Art von Terrarienheizung auf dem Markt, die in den USA ihren Ursprung hat und dort ausgesprochen beliebt ist – der sogenannte „Heiße Stein". Dabei handelt es sich um einen Kunststein aus einem hitzebeständigen Kunststoff in den ein thermostatgesteuertes Heizelement eingebaut ist. Obwohl immer wieder behauptet wird, daß sich diese Heizung sowohl als Sonnenbadeplatz als auch als Terrarienheizung bestens eignen würde, muß dem an dieser Stelle ganz energisch widersprochen werden. Sicherlich wärmen sich die Tiere gerne den Bauch auf diesem Stein, jedoch bleiben die Echsen instinktiv so lange auf dieser Wärmequelle liegen, bis sie ihre optimale Aktivitätstemperatur erreicht haben. Das bedeutet in vielen Fällen, daß die im Vergleich mit der Rückenhaut bedeutend dünnere, empfindlichere und vor allem schwächer durchblutete Bauchhaut der Tiere zu diesem Zeitpunkt bereits hitzebedingte Bläschen entwickelt, wenn nicht sogar schon verbrannt ist. Auch reicht die Wärmeentwicklung dieser Steine selbst in nur durchschnittlich großen Terrarien nicht aus, um die Lufttemperatur im Becken auf die geforderten Werte zu bringen, zumal diese Art von Heizung nicht den ganzen Tag über eingeschaltet sein sollte. Ein weiterer Nachteil besteht darin, daß diese Steine nicht feuchtigkeitsisoliert sind. Würden Sie solch einen Heizstein in einem Terrarium installieren, dürfte darin keine Boden- oder erhöhte Luftfeuchtigkeit herrschen. Elektrizität und Feuchtigkeit vertragen sich nicht, weshalb in einem Terrarium mit einem „Heißen Stein" kein Wasserteil vorhanden sein und nicht gesprüht werden darf – und selbst ein umgekippter Wassernapf bedeutet somit Gefahr.

Beleuchtung

Reptilien benötigen nicht nur Wärme, sondern auch Licht. Das gilt auch für Grüne Leguane, denn der in der Natur herrschende Tag/Nachtrhythmus muß auch in einem Terrarium simuliert werden. Diese sogenannte Photoperiode ist insofern wichtig, da sie den Tieren signalisiert, wann ihre Aktivitätszeit anfängt und endet und wann es beispielsweise Zeit für die Futtersuche ist. Auch hier sind über eine Zeitschaltuhr die jahreszeitlich bedingten Veränderungen in Tages- und Nachtlänge nachzuvollziehen.

Der Grüne Leguan benötigt bei der Haltung im Terrarium eine sehr gute Lichtqualität. Sie sollten Sie unbedingt beraten lassen und die für Sie beste Lichtquelle kaufen. Foto: bede-Verlag

Als Faustregel kann gelten, daß die Beleuchtung während der Sommermonate zehn bis zwölf Stunden und im Winter acht bis zehn Stunden in Betrieb sein sollte.
Es gibt bei der Haltung von Grünen Leguanen bezüglich der Beleuchtung jedoch einen Punkt, der wesentlich wichtiger und leider auch wesentlich komplizierter ist als die Beleuchtungsdauer: die Lichtqualität. Als tagaktive Echsen benötigen Grüne Leguane die UV-Strahlung wie fast alle Reptilien – auch nachtaktive – für die Synthese bestimmter Vitamine – allen voran Vitamin D3 für die korrekte Verarbeitung von Calcium. Dafür benötigen Sie unbedingt die richtige Menge UVA- und UVB-Anteile. In der Natur liefert das Sonnenlicht diese UV-Strahlung – im Terrarium müssen wir uns mit Tageslicht-Leuchtstoffröhren, Halogenstrahlern, Quecksilberdampflampen oder speziellen UV-Lampen behelfen.
Im Normalfall wird ein mittelgroßes Terrarium mit einer oder zwei Leuchtstoffröhren Vollspektrumlampen beleuchtet. Diese speziellen Leuchtstoffröhren sind inzwischen in fast jedem guten Elektrogeschäft in verschiedenen Wattzahlen erhältlich, zwar teurer als normale Leuchtstoffröhren (Kalt- oder Weißlichtlampen), verfügen jedoch über eine ziemlich lange Brenndauer. Die bereits vorher ausführlich behandelten Sonnenbäder dienen nicht allein dem Erreichen der Aktivitätstemperatur, sondern auch der Aufnahme von UV-Strahlung über die Haut. Der Reptilienkörper benötigt die UV-Strahlung für wichtige im Körper ablaufende Prozesse, die ohne das UV-Licht gestört werden oder völlig zum Stillstand kommen. Daß dies der Gesundheit der Tiere abträglich ist, muß wohl nicht extra betont werden. Eine nicht ausreichende oder fehlende UV-Bestrahlung resultiert über kurz oder lang in Knochen-

Natürliche Pflanzen sind in jedem Terrarium eine Augenweide, jedoch haben sie in einem Leguanterrarium kaum eine Überlebenschance. Was die scharfen Krallen beim Herumklettern nicht zerstören, wird mit Genuß verspeist.
Foto: I. Francais

deformationen, Mangelerscheinungen, einem geschwächten Immunsystem und anderen unerwünschten Gesundheitsproblemen sowie einem vorzeitigen Ableben der Pfleglinge, besonders wenn es sich um Jungtiere handelt. Sicher wirkt es zunächst überraschend, daß eine zu starke UV-Be-

strahlung fast die gleiche Wirkung haben kann. Die Erklärung ist jedoch einfach, kennt man die zugrunde liegenden Mechanismen. Der Reptilienorganismus produziert unter Sonneneinstrahlung Vitamin D3, das zusammen mit Phosphor für den Calcium-Transport im Blut zuständig ist. Ist die Intensität der UV-Strahlung hoch, wird viel Calcium im Blut gelöst. Das Calcium wird entweder den Knochen entzogen oder Sie füttern Calcium hinzu, was zu einer verstärkten Calciumeinlagerung in den Knochen führen kann. Das Gleichgewicht aller Komponenten ist sehr wichtig.

Eine Alternative zu Vollspektrum-Leuchtstoffröhren sind die modernen Halogenstrahler mit UV-Lichtanteil. Der Fachhandel sollte in der Lage sein, Auskunft über die Lichtzusammensetzung der verschiedenen Ausführungen zu geben. In der Regel werden die maximale Brenndauer und der UVA- und UVB-Anteil angegeben, wobei die Lampen jedoch meistens früher ausgetauscht werden sollten, denn nach einer gewissen Zeit verändert sich das Lichtspektrum, und die Effektivität vor allem der UV-Strahlung läßt nach.

Für sehr große Terrarien sind Quecksilberdampflampen (HQL- oder HQI-Lampen) zu empfehlen, die in ihrer Lichtzusammensetzung dem natürlichen Tageslicht am nächsten kommen. Leider sind sie nicht in niedrigen Wattzahlen erhältlich und in der Anschaffung sehr teuer, jedoch rechtfertigen die extrem lange Betriebsdauer der Lampe – mit Reflektor als Hänge- oder Wandlampe erhältlich – und die optimale Lichtqualität den relativ hohen Preis.

Die Beleuchtung wird generell über dem Terrarium installiert, so daß die Strahlung ungehindert durch den Gazeeinsatz in das Becken eindringen kann. Aus Sicherheitsgründen sollte die Beleuchtung mit einer wasserdichten Fassung ausgestattet sein.

Bodensubstrate

Das Bodensubstrat sollte soweit wie möglich dem Bodengrund des natürlichen Lebensraumes entsprechen. Viele Terrarianer bevorzugen der Einfachheit halber feinen Fluß- oder Buddelkastensand. Auf Quarzsand, wie er im Baustoffhandel und auch gelegentlich für Aquarien in Zoogeschäften angeboten wird, sollte besser verzichtet werden, denn dieses Substrat ist ausgesprochen grob und scharfkantig, was schnell zu Verletzungen an Pfoten, Bauch, Schwanzunterseite und Augen führt.

Bei der Pflege von Reptilien aus Waldgebieten und Regenwaldzonen wie dem Grünen Leguan empfiehlt sich ein Gemisch aus Sand, Torf und ungedüngter Blumenerde. Alternativen dazu sind Orchideenerde ohne Styropor oder eine Mischung aus Blumenerde und Rindenmulch. Derartige Substratzusammensetzungen nehmen die Feuchtigkeit gut auf, halten sie für einen gewissen Zeitraum und sind dennoch locker genug, um an der Oberfläche beim Abtrocknen nicht zu verhärten. Dennoch ist bei einem Regenwaldterrarium dazu zu raten, unter der Substratschicht eine Drainage aus mittelfeinem Kies einzubringen. Dadurch kann die Substratmischung überschüssige Feuchtigkeit an die Drainageschicht abgeben, so daß sich der stets leicht feuchte Bodengrund nicht in einen Sumpf verwandeln kann. Andererseits kann das Bodensubstrat die durchgesickerte Feuchtigkeit aus der Drainageschicht auch wieder aufnehmen, was verhindert, daß das Substrat im unteren Bereich zu stark austrocknet.

Bei allen Materialien, die als Substrat oder Drainage verwendet werden, sind zwei Punkte ausgesprochen wichtig: Sie müssen vor dem Einbringen ins Terrarium gründlich ausgespült oder sogar abgekocht werden – auch bei kommerziellen Produkten aus dem Handel. Sie müssen von allen Fremdkörpern oder Abfällen gereinigt werden und unbedingt frei von jeglichen Chemikalien sein. Kunstsubstrate wie Katzenstreu aber auch Flußkiesel haben sich als ungeeignet erwiesen. Selbst bei chemisch unbehandelter Katzenstreu kam es bereits häufig durch das Verschlucken von Substratteilen mit dem Futter zu tragischen Unfällen. Dasselbe gilt für Flußkiesel von kleiner bis mittlerer Körnung. Große Flußkiesel werden zwar nur in ganz seltenen Fällen verschluckt, jedoch haben wir es hier mit einem Substrat zu tun, das keinen Beitrag zur Erhaltung der benötigten Luftfeuchte leistet und außerdem eine enorme Belastung für den Terrarien- oder Fußboden darstellt.

Unterschätzen Sie nicht das Gewicht und die Stärke Ihres Leguans. Äste und andere Dekorationsgegenstände müssen immer so befestigt sein, daß sie nicht umkippen und das Tier verletzen können. Foto: bede-Verlag

Das Thema Bodensubstrate ist in der heutigen Zeit ein stark diskutierter Punkt. Das Attribut „leicht sauberzuhalten“ wird in vielen Büchern, besonders wenn es um Großterrarien geht, immer mehr in den Vordergrund gerückt, worunter eigentlich nichts anderes zu verstehen ist, als die Tiere auf Zeitungs- oder ähnlichem Papier, Kunstrasen oder „Terrarienteppichen“ zu halten. Diese Materialien lassen sich jederzeit problemlos austauschen, abwaschen oder desinfizieren, was man in einem Quarantänebecken während der Behandlung von kranken Tieren oder der Beobachtungsphase von Neuzugängen auf eventuell vorhandene Krankheiten oder Parasiten hin nur befürworten kann. Wir reden hier aber nicht von Quarantänebecken und kranken Tieren, sondern von einem möglichst naturgetreu und damit streßfrei gestalteten Terrarium mit gesunden Grünen Leguanen, die sich in ihrem künstlichen Lebensraum wohl – und wenigstens annähernd wie „zu Hause“ fühlen sollen. Man halte sich im Geiste das folgende Bild vor Augen: ein wunderschöner Grüner Leguan auf einem dekorativen Ast liegend, darunter eine Lage Zeitungspapier, ein Stück Kunstrasen oder Teppich, ein Wasser- und ein Freßnapf, in der Ecke ein brauner Plastikblumentopf

Heizstrahler, Spotstrahler und Beleuchtung sollte am besten über und nicht im Terrarium angebracht werden. Die Tiere dürfen keine Möglichkeit haben, zu nah an den Strahler heranzukommen oder ihn gar zu berühren.
Foto: Dr. J. Schmidt

mit einer Kunstpflanze. Echte Pflanzen sind der Sterilität abträglich und bei vegetarischen Reptilien offensichtlich eine reine Geldverschwendung. Über dem Ganzen ein Wärmestrahler und eine Leuchtstoffröhre – wie idyllisch! Sauberkeit ist ein wichtiger Punkt bei der Tierhaltung, jedoch sollte alles seine Grenzen haben. Die Bewohner müssen sich wohlfühlen und dürfen nicht unter umgebungsbedingtem Dauerstreß stehen. Pathogene (krankheitserregende) Bakterien und Parasiten haben in einem solchen „Terrarium" keine große Chance, es sollte aber nicht vergessen werden, daß andauernder Streß das Immunsystem schwächt und somit die Anfälligkeit für verschiedene Krankheiten fördert.

Kletteräste

Kletterfreudige Echsen wie Grüne Leguane benötigen stabile und fest im Terrarium verankerte Kletteräste. Hierfür eignen sich Obstbaumäste oder Rebstöcke am besten, denn ihr Holz ist fest und hat in einem Feuchtterrarium eine längere Haltbarkeit als weiche Hölzer. Rebstöcke sind häufig in Gartencentern als Dekomaterial für Floristen erhältlich. Die Äste von Obstbäumen – bevorzugt Kirsche – dürfen nur dann verwendet werden, wenn

die Bäume nicht mit Insektenschutzmitteln gespritzt wurden. Da unter der Rinde von ungespritzten Bäumen stets kleine Quälgeister wie Milben und ähnliches Getier leben, ist dazu zu raten, die Äste vor dem Einbringen ins Terrarium gründlichst zu reinigen und mit kochendem Wasser abzubrühen. Belassen Sie die Rinde möglichst am Ast, denn so haben die Leguane einen besseren Halt, und die Krallen wetzen sich auf natürliche Weise ab. Auch Rebstöcke aus dem Handel – geeignet vor allem für kleinere Leguane – sollten vor ihrer Verwendung gründlich abgeschrubbt und abgebrüht werden, denn man weiß nie, woher sie stammen und mit was sie vorher in Berührung gekommen sind.
In jedem Fall muß die Stärke der Äste und ihre Anbringung der Größe und der Masse der darauf herumkletternden Tieren entsprechen, damit es nicht zu Unfällen kommt. Beim Anbringen der Äste ist darauf zu achten, daß sie nicht zu dicht an die Beleuchtung, den Wärmestrahler oder die Terrarienabdeckung heranreichen, denn das birgt die Gefahr von Verbrennungen und für erfolgreiche Ausbruchsversuche.

Steine

Steine sind gut geeignete Dekorationsobjekte und werden auch häufig zum Sonnenbaden aufgesucht. Zu diesem Zweck können mehrere Steine oder Steinplatten neben- und übereinander aufgeschichtet werden. Ein solcher Felsaufbau kann sowohl als Sonnenbadeplatz als auch als Höhle dienen, wobei allerdings unbedingt darauf zu achten ist, daß die Steine fest miteinander verbunden werden (mit Silikon oder Zement), damit die Höhle nicht eines Tages über den Köpfen der Bewohner einstürzt und diese verletzt oder sogar erschlägt. Außerdem sollten solche Höhlen nicht auf dem Bodensubstrat, sondern direkt auf der Bodenplatte des Terrariums gebaut werden, damit ein Untergraben der Höhlenkonstruktion verhindert wird und die Tiere sich nicht darunter einklemmen oder das Ganze zum Einsturz bringen können. Auch hier müssen die Steine vor dem Einbringen ins Terrarium gründlich gesäubert – vorzugsweise abgekocht – werden.

Ein „Laufstall“ für Leguane

Einen an Hand und Halter gewöhnten halbwüchsigen oder erwachsenen Grünen Leguan kann man beibringen, sich in einer Art Laufstall aufzuhalten. Zu diesem Zweck teilt man einen Raum mit Hilfe eines Gitterrahmens oder -gestelles ab. Wählen Sie dafür bevorzugt einen Raumteil mit einem Fenster, das durch einen stabilen Gazeeinsatz gesichert ist. Auf diese Weise kann das Tier auch in einem Zimmer von natürlichem Sonnenlicht profitieren, ohne daß es aus dem offenen Fenster klettern oder springen kann. Natürlich sollte das Tier in seinem „Laufstall“ stets unter Beobachtung stehen und nicht sich selbst überlassen werden, denn die „Einzäunung“, die auch einfach aus einem Holzgitter oder etwas ähnlichem bestehen kann, stellt für den Grünen Leguan kein unüberwindbares Hindernis dar. Bietet man ihm in diesem eingegrenzten Bewegungsraum jedoch noch einen Kletterbaum und einen Wärmestrahler, wird er sich dort so wohlfühlen, daß er schon bald sämtliche Ausbruchsversuche einstellt. Diese Lösung ist natürlich nicht für die Ewigkeit gedacht, sondern lediglich ein Vorschlag für einen zeitweiligen Aufenthalt außerhalb des Terrariums. Dies setzt selbstverständlich voraus, daß in dem betreffenden Raum auch die gesamte Zeit über angemessene Temperaturen herrschen.

Der Schwanz des Grünen Leguans verfügt über mehrere sogenannte Sollbruchstellen. Aus diesem Grund darf der Leguan niemals am Schwanz festgehalten oder womöglich hochgehalten werden.

Grüne Leguane freilebend in der Wohnung?

Generell ist nicht dazu zu raten, einem Grünen Leguan die komplette Wohnung als Lebensraum zur Verfügung zu stellen. Dabei geht es nicht nur darum, daß eine menschliche Behausung unweigerlich etliche Gefahren für das Tier birgt, sondern auch darum, daß ein so großes, kräftiges, mit scharfen Krallen und einem „schlagfertigen“ Schwanz ausgestattetes Tier auf seinen neugierigen Erkundungsgängen durch die Wohnung großen Schaden anrichten kann. Einer meiner Grünen Leguane stieß eines Tages eine wertvolle antike Vase um, die in einem Regal stand – sie fiel zu Boden und zerbrach in viele Stücke. Nachdem ich unter Aufwendung von unendlich viel Zeit und Mühe dieses Puzzle aus Scherben wieder zu einer Vase zusammengeklebt hatte, mußte ich feststellen, daß ein Bruchstück fehlte und auch nicht wieder auffindbar war. Wer also meint, er müsse seinen Grünen Leguan frei in der Wohnung herumlaufen lassen, sollte sicherheitshalber alle wertvollen und zerbrechlichen Gegenstände außer Reichweite schaffen.

Ein Grüner Leguan kann mit seinen Krallen in den Gardinen, Teppichen, Polstermöbeln und ähnlichem hängenbleiben, was nicht nur eine Verletzungsgefahr für das Tier birgt, sondern auch schnell die Wohnungseinrichtung des Halters ruinieren kann. Selbstverständlich ist nichts dagegen zu sagen, einen unbenutzten Raum in ein Terrarienzimmer für Grüne Leguane umzubauen. Ein solches Terrarienzimmer sollte mit Steinen, dicken Kletterästen oder sogar einem kompletten alten Baum und einer Bademöglichkeit ausgestattet sein. Als Heizung eignen sich hier Zentralheizkörper oder ein Radiator am besten, die jedoch so verkleidet werden müssen, daß sich das Tier nicht verbrennen und es zu keinem Hitzestau unter der Verkleidung kommen kann. Dadurch könnte ein Wohnungsbrand entstehen. Ein Sonnenbadeplatz mit einem für das Tier unerreichbaren „Sonnenstrahler“ darf natürlich ebenfalls nicht fehlen. Die Fenster in dem Raum sind durch stabile Gazeeinsätze zu sichern, so daß die Sonnenstrahlung ungehindert in den Raum eindringen, der Leguan ihn jedoch nicht durch das Fenster verlassen kann.

Grundlagen der Anschaffung und Pflege

Für jedes Tier, das als Haus- oder Heimtier gehalten wird, trägt der Besitzer die volle Verantwortung. Wer sich der Verantwortung der lebenslangen Pflege eines Tieres nicht gewachsen sieht, sollte sich keines anschaffen, besonders keinen Grünen Leguan. Jeder Tierhalter sollte es sich zur Aufgabe machen, seinem Tier ein gesundes und langes Leben zu ermöglichen, denn es gibt bereits viel zuviele sogenannte Haustiere, die vernachlässigt werden und einen frühzeitigen Tod sterben, nur weil ihre Halter das Interesse an ihnen verloren haben. Man darf nie vergessen, daß ein in Menschenhand lebendes Tier von seinem Halter, dem ihm zur Verfügung stehenden Lebensraum, einer korrekten Gesundheitsfürsorge und Ernährung abhängig ist. Es kann nicht für sich selbst sorgen, und wenn der Halter ihm keine optimalen Lebensbedingungen bietet, hat es keine Überlebenschance.

Die Auswahl eines Grünen Leguans

Für den Erwerb eines Grünen Leguans stehen dem zukünftigen Halter mehrere Quellen zur Verfügung: der ter-

Obwohl erwachsene Grüne Leguane beeindruckende und schöne Tiere sind, sollten Sie sich für ein Jungtier entscheiden. Die Gewöhnung an regelmäßige Handhabungen ist bei jungen Exemplaren um Vieles einfacher.
Foto: I. Francais

daß Sie ein wirklich gesundes Exemplar erhalten. Viele Terrarianer haben das Interesse an der Pflege von Grünen Leguanen verloren, weil das erste Exemplar schon nach kurzer Zeit an einer Erkrankung verstarb, unter der das Tier möglicherweise bereits litt, als es gekauft wurde.

Aus diesem Grunde sei an dieser Stelle ausdrücklich dazu geraten, sich bei der Suche nach einem Grünen Leguan an einen terraristischen Verein zu wenden, der Ihnen bestimmt mit den Adressen und Telefonnummern erfahrener Züchters behilflich sein kann. Die Mitglieder solcher Vereine können Ihnen auch viele wichtige und hilfreiche Informationen zur Haltung, Pflege, Ernährung und Vermehrung dieser interessanten Tiere geben, die man nur in wenigen Zoofachhandlungen erhält.

raristische Zoofachhandel, Reptilienbörsen oder der direkte Kontakt zu einem erfahrenen Züchter. Für welche dieser Möglichkeiten Sie sich auch entscheiden: Wichtig ist in jedem Fall,

Hilfe bei der Auswahl eines Leguans

Um dem Anfänger die Auswahl eines Leguans etwas einfacher zu machen, sind im Folgenden die wichtigsten der zu beachtenden Punkte aufgeführt:

- Kaufen Sie am besten möglichst junge Terrariennachzuchten. Auch gegen bereits etwas ältere Exemplare, die in Terrarien nachgezogen wurden, ist nichts einzuwenden, wohingegen bereits ältere importierte Wildfänge nicht zu empfehlen sind. Sie haben bereits zu lange in der Wildnis gelebt, um sich noch problemlos an das Leben und die Ernährung in einer ungewohnten und künstlich gestalteten Umgebung zu gewöhnen.
- Halten Sie sich an eine zuverlässige und vertrauenerweckende Quelle. Zoofachgeschäfte oder private Halter, die ihre Tiere unter unsauberen Bedingungen oder in überbesetzten Terrarien halten, sind keine gute Wahl.
- Unterziehen Sie das auserwählte Exemplar einer eingehenden Untersuchung. Das Tier sollte wohlgenährt, gesund und aufmerksam wirken und klare, leuchtende Augen haben. Nehmen Sie von mageren, ausgemergelten und apathischen Exemplaren Abstand. Unterernährte Grüne Leguane lassen sich häufig an eingefallenen Augen, lose an den Körperseiten hängender Haut und einer deutlich hervorstehenden Schwanzwurzel erkennen.
- Widmen Sie dem Körper und den Gliedmaßen besondere Aufmerksamkeit. Deformationen jeder Art, besonders aber solche der Wirbelsäule, der Arme und/oder Beine und der Finger bzw. Zehen, sind Alarmzeichen. Die Gelenke der Gliedmaßen sollten frei und leicht beweglich sein und keinesfalls Schwellungen aufweisen. Achten Sie auf knotenartige Schwellungen unter der Haut oder im Kieferbereich. Die Haut des Tieres sollte sauber und frei von Wunden sein.
- Die Augen eines gesunden Grünen Leguans sind stets rund, klar und leuchtend. Eingefallene, halb geschlossene, entzündet wirkende, trübe oder verkrustete Augen und Augenlider sind deutliche Alarmzeichen.
- Der Darmausgang (Kloakenspalt) sollte unbedingt frei von feuchten (Durchfall) oder angetrockneten Kotresten sein.
- Kontrollieren Sie die Nase und das Maul. In diesem Bereich sollten keine Anzeichen für Verletzungen oder Abschürfungen erkennbar sein.

Der Maulinnenraum sollte zart rosa und frei von Schleimabsonderungen oder käsigen Belägen sein. Dasselbe gilt für die Nasenlöcher.

- Entscheiden Sie sich nicht für ein hypernervöses Exemplar. Während ein Grüner Leguan durchaus aufmerksam, agil und neugierig sein soll, können solche, die sich gegen das Berühren über Gebühr wehren, Probleme bereiten. Ein gesunder Grüner Leguan mit einem akzeptablen Temperament wird sich kurz aber nicht übermäßig heftig gegen die Handhabung wehren, dann aber relativ ruhig werden und die fremde Hand neugierig mit seiner Zunge „untersuchen".
- Informieren Sie sich darüber, wie das Tier bisher bei seinem Züchter ernährt wurde. In manchen Fällen ist es notwendig, das bis dahin verabreichte Futter für geraume Zeit beizubehalten, bevor Sie das Tier, wenn nötig, schrittweise auf eine geeignetere Ernährung umstellen können.

Der Transport

Nachdem die Wahl getroffen ist, sollte das Tier so schnell und streßfrei wie möglich zu seinem endgültigen Domizil transportiert werden. Für den Transport empfiehlt sich ein großer, ausreichend mit Luftlöchern versehener Pappkarton, eine Styroporbox oder ein ähnlich stabiler und in jedem Fall ausbruchsicherer Behälter. Sie sollten Ihren Grünen Leguan keinen krassen Temperaturschwankungen aussetzen. Halten Sie also nicht auf dem Weg nach Hause an, um noch hier und da einige Einkäufe zu erledigen und lassen das Tier derweil im Auto. Bei deutlich zu niedrigen oder zu hochen Außentemperaturen kann dies seinen Tod bedeuten.

Die Quarantäne

Obwohl Sie sich alle erdenkliche Mühe gegeben haben, einen wirklich gesunden Grünen Leguan zu erwerben, können Sie niemals hundertprozentig sicher sein, daß nicht irgendwelche infektiösen, krankheitserregenden Organismen im Verborgenen lauern. Ein frisch importiertes Exemplar könnte durchaus mit einer Krankheit infiziert sein, die sich erst in einem frühen Entwicklungsstadium befindet und deshalb noch keine Symptome erkennen läßt. Wenn Sie bereits Grüne Leguane pflegen und das neuerworbene Tier in eine bestehenden Gruppe eingegliedert werden soll, ist die Gefahr groß, daß sich eine eventuell vorhandene, noch nicht erkenn-

Die meisten Vertreter der Familie Iguanidae besitzen einPinealauge, eine kleine lichtempfindliche, zellartige Schuppe auf der Mitte des Hinterkopfes. Hier das Pinealauge von *Cyclura nubila*. Foto: K.H. Switak

An sehr warmen Tagen kann Ihr Grüner Leguan unter Aufsicht etwas Zeit im Garten verbringen. Da er mit Sicherheit an allenerreichbaren Pflanzen knabbern wird, müssen Sie unbedingt darauf achten, daß diese ungiftig und frei von Pestiziden sind. Foto: I. Francais

bare Krankheit auf Ihren gesamten Tierbestand ausbreitet und diesen vielleicht sogar komplett ausrottet. Zur Sicherheit der Gesundheit dieser und des neuen Exemplares sollte eine sechs- bis achtwöchige Quarantänezeit eingehalten werden.

Ein Quarantäneterrarium sollte genau wie ein normales Terrarium alle Haltungsansprüche eines Grünen Leguans erfüllen, jedoch kann es etwas einfacher eingerichtet sein und das natürliche Bodensubstrat sollte in diesem Fall ausnahmsweise tatsächlich durch Küchenpapiertücher ersetzt werden. Ein Quarantänebecken dient nur der vorübergehenden Unterbringung von neuen oder erkrankten Exemplaren und sollte deshalb einfacher zu reinigen sein sowie die Möglichkeit bieten, das Tier eingehend beobachten zu können. Außerdem sollte es sich vorsichtshalber in einem separaten Raum befinden.

Die Quarantänezeit dient der Eingewöhnung des Tieres und der Früherkennung von eventuell vorhandenen Krankheiten oder einem Parasitenbefall, bevor diese auf den restlichen Tierbestand übertragen werden könnten. Sind nach acht Wochen keine Anzeichen für gesundheitliche Probleme festzustellen, kann das Tier in sein bereits vorbereitetes endgültiges Terrarium umziehen. Ist das nicht der Fall, verbleibt das Tier solange in Quarantäne, bis seine Gesundheit wieder völlig hergestellt ist.

Akklimatisierung

Auch wenn Ihre Wahl auf einen relativ ruhigen Grünen Leguan gefallen ist, der über ein scheinbar ausgeglichenes Temperament verfügt, sollten Sie sich darauf gefaßt machen, daß er auf die fremde Umgebung seines Terrariums anfangs ziemlich nervös reagiert. Das ist durchaus normal und verständlich, denn das Tier wird instinktiv das Schlimmste befürchten.

Die Wirbelsäule eines Grünen Leguans sollte frei von Beulen oder Knicken sein. Einige fehlende Rückenkammzacken sind kein Problem, solange die Bruchstellen nicht entzündet sind. Foto: I. Francais

Grüne Leguane werden stets versuchen, einem vermeintlichen Feind oder einer Gefahrensituation auszuweichen, was gewöhnlich dadurch geschieht, daß sie flüchten und sich verstecken. In einem Terrarium, egal

wie groß es auch sein mag, kann das Tier diesem instinktiven Drang nicht folgen. Jedes auffällige, große, sich bewegende Objekt (Sie, ein Familienmitglied, ein Hund, eine Katze oder auch eventuell durch das Fenster sichtbare Fahrzeuge) wird anfangs unweigerlich eine Fluchtreaktion auslösen, die jedoch durch die Beengtheit des Terrariums beeinträchtigt wird. Das bedeutet nicht nur, daß sich der Grüne Leguan bei seinen Fluchtversuchen Verletzungen – besonders im Schnauzenbereich – zuziehen kann, sondern auch, daß er somit unter gesundheitsgefährdendem Streß steht. Dieser Streß beeinträchtigt das Immunsystem des Tieres und begünstigt den Ausbruch von Krankheiten. In den allermeisten Fällen leben viele potentiell gefährliche, krankheitserregende Organismen im Körper eines Reptiles, jedoch handelt es sich dabei unter normalen Umständen um eine Situation, bei der dem Wirt von seinen Parasiten kein merklicher Schaden zugefügt wird. Unter dem Einfluß von Streß gerät diese Situation dann allerdings aus dem Gleichgewicht, was zu einer explosionsartigen Vermehrung von Bakterien oder Parasiten führen kann, dies führt wiederum dazu, daß das betroffene Tier plötzlich ernsthaft krank wird.
Daher ist es ausgesprochen wichtig, daß ein neuerworbenes Tier langsam und vorsichtig eingewöhnt wird. Der erste Schritt in diese Richtung ist der, dem Tier eine streß- und störungsfreie Eingewöhnung in seinen neuen Lebensraum zu ermöglichen. Sie sollten Ihrem Grünen Leguan aus diesem Grund einen geeigneten Versteckplatz anbieten, der aus einer Holzkiste, einem ausgehöhlten Stück Baumstamm oder auch einer Steinhöhle bestehen kann. In dieses Versteck kann sich das Tier dann jederzeit zurückziehen, wenn es sich ausruhen will oder gestört fühlt.
Nachdem Sie Ihren neuen Grünen Leguan in sein Terrarium eingesetzt haben, er mit Futter und Wasser versorgt ist, lassen Sie ihn für mindestens 24 Stunden allein und ungestört. Verbannen Sie Kinder und Haustiere für die ersten Tage aus dem Zimmer, in welchem sich das Terrarium befindet. Dieses sollte vorzugsweise in einem ruhigen Raum und nicht unbedingt im Wohnzimmer stehen, wo die Familienmitglieder ihren täglichen Aktivitäten nachgehen. Falls Ihnen ein solcher Raum nicht zur Verfügung steht, können Sie auch Teile des Terrariums vorübergehend mit Tüchern oder Decken verhängen, damit das Tier von den Aktivitäten um sich herum unbeeinflußt bleibt, zumindest solange, bis die Eingewöhnungsphase abgeschlossen ist.
Ein weiterer wichtiger Punkt ist, die

Beim Erwerb eines Grünen Leguans sollten Sie auf den Zustand des Terrariums achten, es sollte sauber und die Tiere darin sollten gesund sein. Dieses Jungtier hier wäre eine gute Wahl.
Foto: I. Francais

Wenn Sie Ihren neuerworbenen Leguan in sein neues Terrarium setzen, sorgen Sie dafür, daß das Tier 24 Stunden völlig ungestört ist. Notfalls müssen Sie das Terrarium mit Decken und Tüchern verhängen. So bemerkt das Tier von den Aktivitäten rundherum nichts.

Fütterungen, Wasserwechsel und Reinigungsarbeiten in einem gleichbleibenden Rhythmus durchzuführen. Damit soll gesagt sein, Sie sollten die Futter- und Wassergaben täglich zum gleichen Zeitpunkt verabreichen, damit dieses Schema für den Leguan zur Routine wird und weniger Streß verursacht. Das Einsammeln der Futterreste sollte mit diesem Arbeitsgang einhergehen.

Die Handhabung

Nachdem sich Ihr Grüner Leguan an seine neue Umgebung und an die Fütterungszeiten gewöhnt hat, können Sie langsam damit beginnen, ihn mit Ihrer Hand vertraut zu machen. Zum Beispiel können Sie ihn bei jeder Fütterung kurz auf dem Rücken oder Kopf streicheln, wobei Sie sich stets langsam bewegen sollten. Anfangs wird Ihr Grüner Leguan dabei eher zurückhaltend sein und sich sicherheitshalber zurückziehen. Wenn das der Fall ist, lassen Sie ihn gewähren und starten lieber am nächsten Tag einen neuen Versuch. Ihre Geduld wird sich früher oder später auszahlen, und das Tier wird dann bald diese kleinen Aufmerksamkeiten zu schätzen wissen. Sobald der Leguan sich an Ihre Hand gewöhnt hat, wird er gegen regelmäßige Streicheleinheiten nichts einzuwenden haben.

Nach dieser Gewöhnungsphase können Sie damit beginnen, das Tier vorsichtig hochzuheben. Dabei ist darauf zu achten, daß Sie das Tier so festhalten, daß es nicht durch Abwehrbewegungen hinunterfallen und sich verletzen kann, Ihr Griff andererseits aber auch nicht zu fest oder sogar grob ist, da sich das Tier dann bedroht fühlen und übermäßig gegen die Handhabung wehren würde. Schon nach relativ kurzer Zeit sollte sich Ihr Grüner Leguan an einen regelmäßigen Körperkontakt und an das Hochgenommenwerden gewöhnt haben. Ab diesem Zeitpunkt können Sie ihn auf Ihrer Schulter sitzend mit sich herumtragen, falls Ihnen diese Art von Umgang mit Reptilien zusagt und so lange Sie die Körpermasse und die Größe Ihres Freundes ertragen können. Aber Spaß beiseite – diese Gewöhnung an eine regelmäßige Handhabung sollte eher dem Zweck dienen, daß Sie einerseits das Terrarium sauberhalten können, ohne Ihrem Grünen Leguan Streß zu bereiten oder Abwehrreaktionen wie Schwanzschlagen, Beißen oder Kratzen zu provozieren und es andererseits zu keinen Problemen kommt, wenn das Tier einmal krank wird und vielleicht tierärztliche Hilfe benötigt. Es ist viel einfacher, einen an die Handhabung gewöhnten Grünen Leguan zu untersuchen und zu behandeln, als einen,

der in Panik kopflos umsichbeißt und mit dem Schwanz schlägt.

An dieser Stelle noch ein Wort der Warnung: Versuchen Sie niemals, einen Grünen Leguan am Schwanz hochzunehmen oder ihn am Schwanz festzuhalten, denn dieser kann die Masse des Tieres nicht tragen und wird unweigerlich abbrechen oder vom Tier instinktiv abgeworfen. Es gibt keinen unerfreulicheren Anblick als einen schwanzlosen Grünen Leguan! Auch wenn das verlorene Schwanzstück letztendlich wieder nachwächst, ist das Regenerat nur ein trauriger Ersatz für das prachtvolle Original. Um einen Grünen Leguan, der sich gegen das Angefaßtwerden wehrt, zu handhaben, legen Sie eine Hand fest um seine Schultern und halten ihn im Genick, so daß er den Kopf nicht herumdrehen und zubeißen kann. Dabei werden die vorderen Gliedmaßen ebenfalls mit den Fingern dieser Hand an den Körper gedrückt. Mit der anderen Hand greifen Sie ihn vor den Hinterbeinen

über den Rücken und stützen den Bauch mit den Fingern, so daß er Sie auch mit den Krallen der Hinterfüße nicht kratzen kann. Nun klemmen Sie den Schwanz und die Hinterbeine zwischen dem Ellbogen Ihres Armes und Ihrem Körper fest. Auf diese Art können Sie das Tier zwar ziemlich mühevoll, aber dennoch sicher und unfallfrei in eine Transportkiste oder in ein anderes Terrarium überführen. Sie dürfen mir also ruhig glauben, daß es sich durchaus lohnt, die Zeit und Geduld zu investieren, Ihren Grünen Leguan daran zu gewöhnen, angefaßt und hochgenommen zu werden.

Nachdem sich Ihr Grüner Leguan an seine neue Umgebung gewöhnt hat, können Sie ihn langsam mit Ihrer Hand vertraut machen. Am Anfang wird er daber aber eher zurückhaltend reagieren. Haben Sie Geduld, früher oder später schätzt er die Streicheleinheiten.

Die Pflege

Grüne Leguane sind relativ pflegeleichte Tiere. Sie benötigen etwa einmal wöchentlich ein ausgiebiges Bad in lauwarmem Wasser, wobei der Pfleger die Möglichkeit hat, sein Tier auf eventuelle Krankheitsanzeichen hin zu untersuchen. Benutzen Sie keinesfalls Seife oder andere Hautreinigungsmittel, sondern lediglich klares Wasser. Sie können die Haut sanft mit einem weichen Schwamm abreiben, wobei Schmutzpartikel und kleine Häutungsreste einfach entfernt werden. Richten Sie Ihre besondere Aufmerksamkeit auf die Bereiche um das Maul, die Nasenlöcher, Augen sowie die Kloake. Entfernen Sie sämtliche angetrockne-

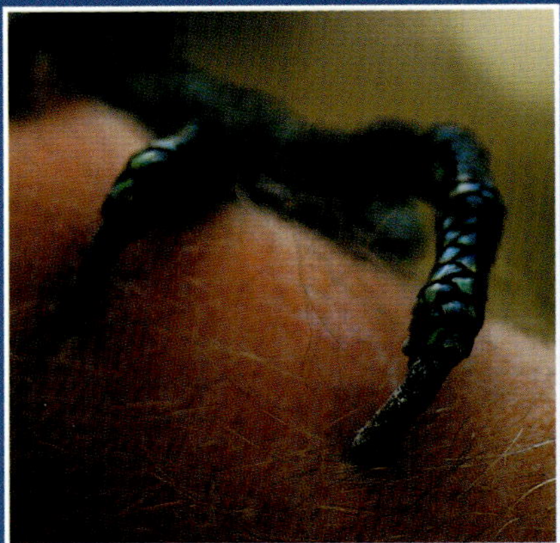

Die Krallen dieses Leguans sind zu lang und können das Tier sowie seinen Halter verletzen. Lange Krallen verfangen sich schnell in Lüftungsflächen, Teppichen und Kleidung.
Foto: I. Francais

Seien Sie beim Stutzen der Krallen vorsichtig. Die Prozedur sollte in einem Zimmer durchgeführt werden, in dem es ruhig ist, und das Tier nicht durch andere Familienmitglieder verunsichert wird.
Foto: A.L. Del Prete

Die Hilfe eines Assistenten macht das Schneiden der Krallen erheblich einfacher. Eine Person kann den Grünen Leguan festhalten, während Sie sich der Krallenpflege widmen.
Foto: I. Francais

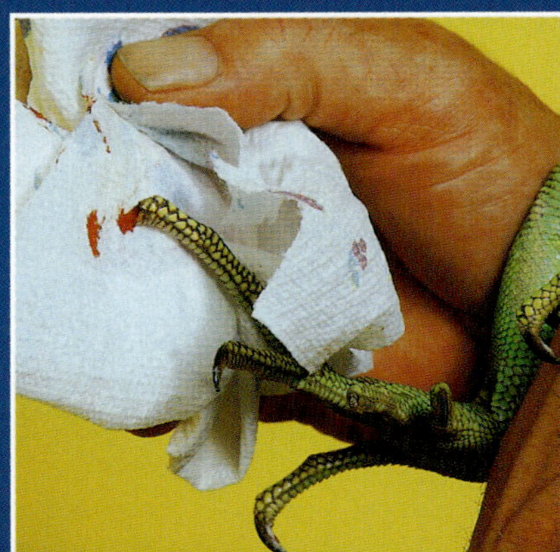

Wird eine Kralle zu kurz abgeschnitten, kommt es zu einer Blutung. Wenn das geschieht, betupfen Sie die Wunde mit einem Antiseptikum und behandeln sie dann mit einem blutstillenden Puder.
Foto: I. Francais

ten Futter- oder Kotreste. Falls von der letzten Häutung festsitzende Hautreste vorhanden sind, sollten diese für etwa 30 Minuten in dem warmen Wasser einweichen, bevor sie vorsichtig abgezogen werden. Beim Entfernen von Häutungsresten von den Fingern und Zehen oder dem Rückenkamm ist besondere Vorsicht geboten. Lassen sich die Hautfetzen nicht aufweichen und einfach abziehen, sollten Sie Ihren Tierarzt um Hilfe bitten.

Nicht immer häuten sich Reptilien so problemlos wie diese Segelechse. Falls bei Ihrem Leguan Hautreste der letzten Häutung übrig sind, weichen Sie diese in warmen Wassern dreißig Minuten ein und ziehen sie vorsichtig ab. Foto: Aqualife Taiwan

Krallenschneiden

Für viele Leser wird diese Überschrift vielleicht etwas merkwürdig klingen, jedoch kann es bei Grünen Leguanen mit zu langen Krallen zu durchaus ernsthaften Problemen kommen. In der Natur werden ihre Krallen durch das Hinauf- und Hinunterklettern an Bäumen, das Rennen über festen Sandboden und Steine sowie ähnliche Aktivitäten automatisch abgewetzt. In einem Terrarium stehen den Tieren diese Möglichkeiten häufig nicht zur Verfügung, wodurch die Krallen schnell zu lang und ausgesprochen scharf werden. Diese Tatsache birgt nicht nur eine potentielle Verletzungsgefahr für den Halter, sondern auch für das Tier selbst. Lange, scharfe Krallen können sich schnell in den Lüftungseinsätzen des Terrariums, in der Kleidung des Halters, in Teppichschlingen und ähnlichem verfangen, wodurch sich das Tier eine Kralle ausreißen oder sich sogar eine Zehe brechen kann. Es ist deshalb für beide, das Tier und den Halter, sicherer, die Krallen je nach Bedarf alle zwei bis drei Monate zu stutzen.

Unglücklicherweise mögen es selbst „handzahme“ Grüne Leguane überhaupt nicht, wenn man ihnen die Krallen beschneidet. Aus diesem Grunde ist es das Beste, wenn man bei dieser Prozedur einen Gehilfen hat. Eine Per-

Viele Echsen sind recht pflegeleichte Tiere. Dennoch müssen sei bei Ihrem Pflegling immer mit einer Erkrankung rechnen – auch wenn er so gesund aussieht, wie diese Wasseragame.

son hält das Tier in vorher beschriebener Weise fest, die andere Übernimmt die „Maniküre". Zuerst werden die Krallen mit Hilfe einer kleinen Handbürste und lauwarmem Wasser gereinigt und anschließend gut abgetrocknet. Nun versuchen Sie, die in jeder Kralle vom Nagelbett in Richtung Krallenspitze verlaufende Ader zu entdecken. Bei jungen Grünen Leguanen ist das relativ einfach, denn bei ihnen ist die Ader als dunkle Linie deutlich zu erkennen. Danach nehmen Sie einen Nagelklipper – wie Sie ihn für Ihre Fußnägel verwenden – und kappen die Krallen nacheinander unterhalb des Endes der Ader. Bei älteren Exemplaren ist es nicht so einfach, diese Ader zu sehen, denn ihre Krallen sind viel dunkler gefärbt und stärker verhornt als die von Jungtieren. In diesem Fall empfiehlt es sich, lediglich die scharfe Krallenspitze abzuknipsen. Danach wird die Schnittstelle mit einer Nagelfeile etwas abgerundet und geglättet.

Für den Fall, daß Sie die Ader einer Kralle verletzen, geraten Sie nicht in Panik. Die kleine Wunde ist schnell versorgt. Betupfen Sie die betroffene Stelle mit etwas medizinischem Alkohol oder einer antiseptischen Lösung und tragen Sie anschließend ein blutstillendes Mittel (Watte oder Puder) auf. Die Blutung kommt dann sehr schnell zum Stillstand. Falls Sie kein blutstillendes Mittel zur Hand haben, können Sie auch etwas Getreidestärke verwenden, welche eine ähnliche Wirkung hat.

Damit ein Schlüpfling zu einem schönen erwachsenen Grünen Leguan heranwächst, ist neben seiner artgerechten Unterbringung die richtige Ernährung von größter Bedeutung. Foto: I. Francais

In den vergangenen Jahren begannen die Wissenschaftler ihre gesteigerte Aufmerksamkeit der Ernährung von Terrarientieren zu widmen. Speziell die herbivoren (pflanzenfressenden) Arten waren anfällig für ernährungsbedingte Gesundheitsstörungen, da ihre tatsächlichen Ansprüche nur unzureichend untersucht waren. Derartig bedingte Erkrankungen traten jedoch nicht nur aufgrund einer mangelhaften Ernährung auf, sondern waren in vielen Fällen das Ergebnis einer Überdosierung bestimmter Nährstoffe wie tierischem Proteine und Vitamin D3. Grüne Leguane ernähren sich ihr ganzes Leben lang überwiegend herbivor. Es gab Zeiten, in denen man allgemein davon ausging, daß sich juvenile Exemplare dieser Art zum größten Teil insectivor ernähren und erst mit zunehmendem Alter zu einer herbivoren Ernährungsweise übergingen. Heute wissen wir, daß das nicht zwingendermaßen zutrifft, obwohl es nach wie vor Anhaltspunkte dafür gibt, daß tierische Proteine der allgemeinen Entwicklung der Jungtiere zuträglich sind. Jedoch konnte eindeutig nach-

Dieser Grüne Leguan wurde in seinem natürlichen Lebensraum, den Regenwäldern von Peru fotografiert. Leguane aus Peru und Ecuador sind für ihre kräftig blauen Köpfe bekannt, jedoch können auch Exemplare aus anderen Gebieten eine bläuliche Kopffärbung zeigen.
Foto: M. Bacon

gewiesen werden, daß eine Ernährung mit einem zu hohen Anteil an tierischen Proteinen für Grüne Leguane potentiell gefährlich ist, besonders für erwachsene Exemplare.
Kürzlich durchgeführte Studien lassen vermuten, daß junge, im Wachstum befindliche Grüne Leguane einen höheren Proteinanteil in ihrer Ernährung benötigen als die bereits älteren Exemplare, die nur noch sehr langsam oder gar nicht mehr wachsen. Aus diesem Grunde ist zu empfehlen, Grünen Leguanen während der ersten drei Lebensjahre eine Ernährung mit einem 15 bis 20%igen Anteil an tierischer Kost zukommen zu lassen, der nach Überschreiten dieser Altersgrenze langsam auf 5 % reduziert werden sollte.
Es darf an dieser Stelle nicht unerwähnt bleiben, daß viele Pfleger von Grünen Leguanen selbst diesen geringen Proteinanteil noch als zu hoch empfinden und die Meinung vertreten, daß Grüne Leguane – egal wie alt sie sind – überhaupt kein tierisches Protein erhalten sollten. In der Tat kommt es immer wieder zu Knochenerkrankungen und Nierenschäden, die sich nach dem heutigen Wissensstand allein auf eine unausgewogene Ernährung mit tierischen Proteinen zurückführen lassen.

Obst und Gemüse

Hierbei ist der Nährstoffgehalt der Futterpflanzen ein wichtiger Punkt, denn nicht alles, was gerne gefressen wird, ist auch nahrhaft. Das beste Beispiel dafür ist grüner Kopfsalat, der sehr gerne gefressen wird, jedoch so gut wie keine Nährstoffe enthält. Bei der Ernährung mit Grünfutter und Früchten ist speziell darauf zu achten, daß der hauptsächliche Bestandteil der Ernährung aus Futterpflanzen besteht, die ein hohes Calcium-Phosphor-Verhältnis aufweisen. Beispiele für derartige Pflanzen sind Sellerie, Winterkohl, Wasserkresse, Blätter der Senfpflanze, Löwenzahnblätter und -blüten, Weißrübenkraut, Kraut von Runkelrüben, Chinakohl, Grüne Bohnen, Alfalfa und Bohnenkeimlinge. Es ist zu empfehlen, daß eine Mischung aus drei oder mehr dieser Futtersorten etwa 40 % der Ernährung bildet, wobei die Zusammensetzung der Sorten natürlich ständig verändert werden kann.
Andere geeignete Futtersorten, deren Calcium-Phosphor-Verhältnis allerdings niedriger ist, sind geriebene Karotten, gekochte Süßkartoffeln, Zucchini, geraspelte weiße Rüben, Erbsen, Paprika, geriebene Pastinakwurzel, Getreidekeimlinge, Blätter und Blüten der Kapuzinerkresse, Hibiskusblätter und noch viele mehr.

Grüne Leguane sollten mit einer Mischung aus geeignetem Grünfutter, Gemüse und Früchten ernährt werden, die nach Belieben verändert werden kann. Zusätzliche Vitamin und Mineralstoffgaben sind für Jungtiere und trächtige Weibchen besonders wichtig. Foto: I. Francais

Eine Mischung von drei oder mehr dieser Futterpflanzen sollte weitere 30% der Ernährung ausmachen. Es können auch tiefgefrorene Gemüsearten verwendet werden, die jedoch selbstverständlich vorher aufgetaut und auf Zimmertemperatur erwärmt werden müssen, bevor sie verfüttert werden können.
Früchte sollten nur in kleineren Mengen angeboten werden, denn auch wenn Grüne Leguane für zahlreiche Früchte eine ausgesprochene Vorliebe haben, kann die Ausgewogenheit der Ernährung darunter leiden, wenn die Tiere zuviel davon zu fressen bekommen und dann ausschließlich die Früchte und zu wenig des restlichen Grünfutters zu sich nehmen. Eine Kombination aus drei oder mehr Früchten sollte nicht mehr als 10 bis 20% der Ernährung darstellen. Zu den geeigneten Fruchtsorten gehören beispielsweise Bananen mit Schale, Pfirsiche, Aprikosen, Pflaumen, Tomaten, Weintrauben, Melone, Feigen, Kiwis, Himbeeren, Brombeeren, Erdbeeren, Papaya oder Mango.
Verschiedene Zoofachgeschäfte bieten heute kommerzielle Futterpellets für herbivore Reptilien an, die für Grüne Leguane gut geeignet sind. Allerdings sollten sie nicht als Hauptfutter, sondern eher als Beigabe zu einer ausgewogenen Ernährung mit Grünfutter verabreicht werden. Einige Hersteller solcher Trockenpellets sagen, daß ein Grüner Leguan, der ausschließlich mit diesen Pellets ernährt wird, gesund bleibt und keinerlei Mangelerscheinungen entwickelt. Es steht durchaus zu vermuten, daß durch die zunehmende Beliebtheit dieser kommerziellen Futtersorten auch deren Qualität immer besser wird, bis sie tatsächlich als Hauptfutter verwendet werden können. Bis dahin sind jedoch noch einige Untersuchungen nötig, die diese Aussagen der Hersteller bestätigen. Erst dann werden sich die Pfleger von Grünen Leguanen über die tatsächlich gute Qualität dieser Futterarten sicher sein können.

Tierisches Futter

Wie bereits erwähnt, sollte der ANteil an tierischer Kost nicht mehr als maximal 5 % der gesamten Ernährung ausmachen. Es ist nach wie vor fraglich, ob durch die Aufnahme tierischer Proteine Gesundheitsprobleme vor allem bei erwachsenen Leguanen entstehen. Aus diesem Grunde soll nochmals erwähnt werden, daß viele Pfleger jegliche tierische Kost für ihre Grünen Leguane strikt ablehnen.
Der Vollständigkeit halber soll erwähnt werden, daß die besten tierischen Futtersorten frische, lebende Wirbellose wie Zoophobaslarven, Schaben, Grillen, Seidenraupen und Ähnliche sind. Die

Das Verabreichen von Futter mit der Hand kann dem Verhältnis zwischen Tier und Halter zuträglich sein, jedoch sollten Sie sich stets der Gefahr für Bißunfälle bewußt sein. Foto: I. Francais

meisten davon sind in Zoofachgeschäften erhältlich, die auch mit Reptilien handeln. Einige Grüne Leguane entwickeln eine Vorliebe für neugeborene Mäuse, und manche Pfleger verabreichen kommerzielles Hundefutter oder Futterpellets für Affen, die vorher in Wasser eingeweicht werden.

Vitamine und Mineralstoffe

Das Futter für Reptilien in menschlicher Obhut beinhaltet meist nur in der Theorie alle benötigten Nährstoffe. Um einen Grünen Leguan gesund zu erhalten, muss das Futter deshalb regelmäßig mit einem guten Vitamin-Mineralstoffpräparat angereichert werden. In spezialisierten Zoofachgeschäften sind Produkte erhältlich, die auf die Ansprüche von herbivoren Reptilien abgestimmt sind. Am besten sind Präparate in Pulverform geeignet, die einfach in der angegebenen Menge über das Futter gestreut werden. Meiden Sie fettreiche Produkte in flüssiger Form.

In der Regel erhalten Jungtiere in kürzeren Abständen etwas größere Mengen, wohingegen bereits älteren Exemplaren kleinere Mengen in größeren Abständen verabreicht werden. Bei der Dosierung müssen Sie sich genau an die Angaben des Herstellers halten, denn zuviel des Guten ist ebenso ungesund wie zu wenig.

Die Fütterungsregeln

Schlüpflinge bis zu einem Alter von drei Monaten

Verabreichen Sie zweimal täglich eine Mischung aus kleingeschnittenen Grünfuttersorten (80 bis 90% der Ernährung) und kleinen Wirbellosen (10 bis 20%). Das Futter sollte drei- bis viermal wöchentlich mit einer Prise eines Vitamin-Mineralstoffpulvers für Reptilien bestreut werden. Der Nahrungsanteil an Wirbellosen kann auch reduziert oder auch völlig weggelassen und durch Grünfutter oder Früchte ersetzt werden.

Stellen Sie Ihrem Leguan immer frisches und sauberes Wasser zur Verfügung. Foto: A.L. Del Prete

Jungtiere im Alter von drei Monaten bis drei Jahren

Füttern Sie täglich einmal mit einer Mischung aus kleingeschnittenen Grünfuttersorten (85 bis 90% der Ernährung) und entsprechend großen Wirbellosen oder einem kommerziellen Proteinfutter (10 bis 15%). Das Futter sollte drei- bis viermal wöchentlich mit einer Prise Vitamin-Mineralstoffpulver überstreut werden. Auch hier steht es Ihnen frei, die tierische Kost durch die entsprechende Menge Grünfutter und Früchte zu ersetzen.

Adulte Exemplare im Alter von drei Jahren und älter

Verabreichen Sie einmal täglich oder jeden zweiten Tag eine Mischung aus zerkleinertem Grünfutter (95% der Ernährung) und Wirbellosen oder

kommerziellem Proteinfutter (5%). Das Futter sollte einmal wöchentlich mit einem viertel Teelöffel eines Vitamin-Mineralstoffpulvers bestreut werden.
Zur Fortpflanzung ausgewählte Weibchen sollten ab einem Monat vor Beginn der Fortpflanzungssaison bis zu einem Monat nach der Eiablage zusätzliche Vitamin-Mineralstoffgaben erhalten und mit einem bis zu 15%igen Proteinanteil im Futter ernährt werden. Auch hier muß darauf hingewiesen werden, daß es keine auf der Beobachtung von Wildpopulationen basierende Informationen darüber gibt, ob die Weibchen in der Natur während oder nach der Fortpflanzungsphase mehr Calcium oder tierische Proteine zu sich nehmen.

Wasser

Ihrem Grünen Leguan sollte stets frisches, sauberes Trinkwasser zur Verfügung stehen. Viele Pfleger bieten ihren Grünen Leguanen eine permanente Bademöglichkeit, so daß sich die Tiere ins Wasser legen oder sogar schwimmen können, wann immer sie wollen. Andere bevorzugen es, ihren Pfleglingen nur in mehr oder weniger regelmäßigen Abständen ein Bad zu ermöglichen, was natürlich einen Wassernapf mit Trinkwasser im Terrarium erforderlich macht. Für welche dieser beiden Lösungen Sie sich auch entscheiden, Sie müssen die entsprechenden Wasserbehälter in jedem Fall stets sauber halten und täglich mit frischem Wasser füllen. Verschmutztes Wasser ist eine Brutstätte für Krankheitserreger und deshalb eine Lebensbedrohung für Ihren Grünen Leguan.

In Gegensatz zum Grünen Leguan muss die Segelechse auch regelmäßig mit tierischer Kost versorgt werden.
Foto: bede-Verlag

Zur Fortpflanzung bestimmte Grüne Leguan Weibchen bekommen ab einem Monat vor der Fortpflanzungssaison und bis zu einem Monat nach der Eiablage zusätzliche Vitamin-Mineralstoffgaben. Außerdem erhalten Sie einen bis zu 15 %igen tierischem Proteinanteil im Futter. Ob die Weibchen in der Natur während der Fortpflanzungsphase tatsächlich mehr Calcium oder tierische Proteine in sich nehmen, ist allerdings nicht bewiesen.

Es ist noch gar nicht so lange her, daß die Vermehrung von Grünen Leguanen unter Terrarienbedingungen von mehr Mißerfolgen als Erfolgen gekrönt war. Unser Wissen über die Fortpflanzungsbiologie vieler Reptilien war zu dieser Zeit, vorsichtig ausgedrückt, spärlich. Erst in den letzten Jahren konnte ein kontinuierlicher Anstieg von Nachzuchterfolgen bei Arten verzeichnet werden, die bis dahin als ausgesprochen schwer oder gar nicht zu vermehren galten. Dennoch haben wir noch einen langen Weg vor uns, bis wir sagen können, daß unsere Zuchtpraktiken perfekt sind. Eines der Hauptprobleme scheint zu sein, daß die in Terrarien existierenden Zuchtgruppen von einer Generation zur nächsten schwächer werden. Es gibt viele Berichte über Züchter von Grünen Leguanen, die bis zur zweiten oder dritten Generation erfolgreich waren, danach jedoch nur noch Mißerfolge aufweisen konnten. Für dieses Phänomen kann es mehrere Erklärungen geben, und obwohl verschiedene Vermutungen vorliegen, wissen wir immer noch nicht, was die hauptsächliche Ursache ist.

Vorausgesetzt, wir treiben unsere Bemühungen bei der Vermehrung von Grünen Leguanen weiterhin voran, halten unsere Methoden und Ergebnisse schriftlich fest und teilen unsere Erfahrungen mit anderen Gleichgesinnten, dann sollten wir auf dem besten Weg zur Ergründung der Antworten von vielen Fragen sein, die uns heute noch Probleme bereiten.

Die richtige Ernährung und optimale Pflege können aus einem solchen jungen Grünen Leguan ein erfolgversprechendes Zuchttier machen. Foto: I. Francais

Das Fortpflanzungsverhalten in der Natur

Aufgrund von Schwierigkeiten bei der Beobachtung von Grünen Leguanen

Die Leguan-Männchen sind ausgesprochen territorial und verteidigen ihren Harem gegen Annäherungsversuche anderer Männchen. Zu Beißeren kommt es bei diesen Machtkämpfen äußerst selten. Foto: bede-Verlag

in der Natur wurden diesbezüglich nur selten und wenige Studien durchgeführt. Dieser Zustand sollte sich jedoch in der näheren Zukunft ändern, denn heute existieren in Zentral- und Südamerika einige Zuchtstationen, in denen Grüne Leguane halb wild unter natürlichen Bedingungen gehalten und nachgezogen werden, was das Studium des Fortpflanzungsverhaltens dieser Tiere naturgemäß erheblich vereinfacht. Je größer unser Wissen über das natürliche Fortpflanzungsverhalten ist, desto größer sind unsere Chancen für die erfolgreiche Nachzucht in Terrarien.

Wildlebende Grüne Leguane paaren sich generell während der Trockenzeit, wenn weniger Futter zu finden ist. Das bedeutet jedoch auch, daß die Eiablage in den Beginn der Regenzeit fällt, wenn eine ausreichend hohe Feuchtigkeit zur Inkubation der Eier vorhanden ist. Wenn die Jungtiere dann schlüpfen, gibt es Futter im Überfluß.

Die Männchen sind ausgesprochen territorial und verfügen oftmals über einen ganzen Harem an Weibchen,

Die Poren entlang der Innenschenkel dieses weiblichen Grünen Leguans sind nur undeutlich zu erkennen. Bei einem Männchen wären sie dagegen viel größer und würden ein wachsartiges Sekret absondern, das der Reviermarkierung dient. Foto: A.L. Del Prete

die sie nachdrücklich gegen die Annäherungsversuche anderer Männchen verteidigen. Wenn ein dominantes Männchen ein anderes entdeckt, das in sein Revier – das aus einem Flußufer, einigen Bäumen und Sträuchern bestehen kann – eindringen will, macht es sich so groß wie möglich, indem es hochbeinig steht und seine Kehlfahne aufstellt, die in dieser Situation deutlich dunkler wird. Es macht einen Buckel und nickt heftig mit dem Kopf. In den meisten Fällen zeigt der Eindringling seine Unterlegenheit durch Ducken, bevor er sich vorsichtig zurückzieht. Im Falle eines Rivalen, der sich nicht so leicht in die Flucht schlagen läßt und einen Teil des Harems seines Nebenbuhlers für sich beansprucht, nimmt auch er eine ähnliche Haltung wie der Revierbesitzer ein. Die beiden Rivalen bewegen sich nun langsam und vorsichtig aufeinander zu. Manchmal bekommt es der Eindringling dann doch mit der Angst zu tun, nimmt eine unterwürfige Haltung ein und sucht sein Heil in der Flucht. Es kommt aber auch in anderen Fällen zu kämpferischen Auseinandersetzungen, bei denen die beiden Rivalen ihre Köpfe aneinanderstoßen, ihre Schwänze als Peitschen einsetzen und sich laut anfauchen. Letztendlich wird das schwächere Männchen aufgeben und sich zurückziehen, ohne ernsthafte Verletzungen davonzutragen. Interessanterweise kommt es während solcher Machtkämpfe nur äußerst selten zu Beißereien, wohingegen die Männchen die Weibchen während der Werbung und Paarung sehr häufig beißen.

Wenn ein Männchen zur Paarung schreitet, nähert es sich dem auserkorenen Weibchen mit aufgestellter Kehlfahne und unter heftigem Kopfnicken. Ist das Weibchen paarungswillig, signalisiert es das durch ein ebensolches Gehabe. Hat es jedoch kein Interesse an dem Bewerber, zieht es sich zurück und sucht im Schutz der Vegetation Deckung. Nimmt das Weibchen den Paarungsantrag an, zeigt es letztendlich eine unterwürfige Körperhaltung und duckt sich so

Beachten Sie die vergrößerten Kieferbacken dieses Grünen Leguans. Sie deuten darauf hin, daß es sich um ein Männchen handelt. Meistens zeichnen sich die Männchen auch durch kräftigere Farben, höhere Rückenkämme und größere Kehlfahnen aus.
Foto: I. Francais

tief, daß der Bauch den Bodengrund berührt. Nun greift das Männchen sein Weibchen mit dem Maul im Nacken, wobei es nicht gerade zärtlich vorgeht. So kommt es oft dazu, daß das Weibchen Wunden am Körper und im Nacken davonträgt oder sogar einige „Zacken" seines Rückenkammes verliert. Es handelt sich dabei jedoch um einen völlig natürlichen Vorgang, und unter normalen Umständen verheilen diese Wunden sehr schnell und hinterlassen lediglich kleine Narben. Bei älteren Weibchen, die sich häufig gepaart haben, können viele solcher Narben zu sehen sein.

Wenn das Männchen sein Weibchen fest im Griff hat, hebt es mit einem seiner Hinterbeine den Schwanz des Weibchens an, so daß sich die Kloaken der beiden Tiere gegenüberliegen. Dann führt das Männchen einen seiner Hemipenes in die Kloake des Weibchens ein. Über den Samenleiter des Männchens wird nun Sperma durch den Hemipenis in die Kloake des Weibchens übertragen, wo es für die spätere Befruchtung der Eier gespeichert wird. Die Kopulation kann wenige Minuten bis mehrere Stunden dauern.

Nachdem das Weibchen begattet ist, lebt es für einige weitere Wochen wie bisher weiter – nimmt Sonnenbäder, frißt und schläft. Wenn sich der Zeitpunkt der Eiablage nähert, stellt das Weibchen die Futteraufnahme ein, trinkt jedoch häufig und wird zunehmend unruhiger. Dann beginnt es mit der Suche nach einem geeigneten Platz für seine Nistgrube. Oftmals werden dazu sonnenbeschienene Plätze an Flußufern oberhalb der Was-

serlinie ausgesucht. Einige Weibchen bevorzugen ein und dasselbe Flußufer, weshalb es häufig zu einem ziemlichen Gedränge und Streitigkeiten um die besten Plätze kommt. Die Nisthöhle wird mit den Vorderpfoten ausgehoben und die lockere Erde mit den Hinterpfoten weggeschoben. Eine solche Nisthöhle kann bis zu 2 m lang sein und endet gewöhnlich in einer Kammer, die 30 bis 60 cm tief unter der Erdoberfläche

liegt. Ist die Höhle fertiggestellt, begibt sich das Weibchen hinein und legt seine Eier ab. Ein Gelege besteht gewöhnlich aus 20 bis 30 Eiern, jedoch wird gelegentlich von Gelegen mit über 60 Eiern berichtet. Die Eiablage dauert je nach Umfang des Geleges drei bis sechs Stunden, wobei in immer länger werdenden Abständen jeweils zwei Eier direkt nacheiannder gelegt werden. Nachdem sich das Weibchen aller Eier entledigt hat, kehrt es an die Oberfläche zurück und schaufelt die Nisthöhle sorgfältig mit dem vorher ausgehobenen Sand zu.
Grüne Leguane betreiben keine weitere Brutpflege. Die Eier werden in der warmen Erde sich selbst überlassen. Nach einer Inkubationszeit von 50 bis 100 Tagen, die abhängig ist von der Temperatur und der Feuchtigkeit des Substrats, schlüpfen die sofort selbstständigen Jungtiere. Feldstudien haben ergeben, daß die Temperatur während der Inkubation zwischen 20 und 32 °C schwanken kann.
Nach dem Schlupf graben sich die Jungtiere aus dem Nest an die Erdoberfläche. Die meisten Schlüpflinge erscheinen mehr oder weniger gleichzeitig an der Oberfläche, was vermutlich mit der Tatsache in Zusammenhang steht, daß eine Gruppe von Schlüpflingen auf dem Weg in des schützende Unterholz der Vegetation sicherer ist als einzelne Exemplare.

Die Vermehrung im Terrarium

Wenn Sie Ihre Grünen Leguane vermehren wollen, sollten Sie ausschließlich gesunde Exemplare mit einer Kopfrumpflänge von mindestens 40 cm dafür aussuchen. Grüne Leguane dieser Größe sind gewöhnlich wenigstens zwei Jahre alt. Es kann absolut nicht dazu geraten werden, jüngere Exemplare für die Vermehrung heranzuziehen.

Schaffung der geeigneten Bedingungen

In der Natur ist es der Beginn des kühlen, trockenen Winters, der den Grünen Leguanen signalisiert, daß die Fortpflanzungszeit begonnen hat. Durch ein Verändern der Temperaturen und der Photoperiode läßt sich diese Situation auch im Terrarium relativ einfach simulieren. Die meisten Züchter empfehlen, die Geschlechter außerhalb der Paarungszeit getrennt zu halten, obwohl es auch bei ständig zusammengehaltenen Paaren zu Nachzuchterfolgen kommt.
Wenn wir davon ausgehen, daß die Tagesbeleuchtung in unserem Terrarium gewöhnlich 12 Stunden und der Wärmestrahler sechs Stunden täglich in Betrieb sind, sollten diese Werte ab November oder Dezember reduziert werden, um die Tiere in Paarungsstimmung zu versetzen. Etwa

vier Wochen bevor die Geschlechter zusammengeführt werden, sollte die Photoperiode auf 10 Stunden täglich verkürzt werden. Auch die Nachttemperaturen sollten nun etwas kühler sein, jedoch einen Wert von 18 °C nicht unterschreiten. Nach etwa vier Wochen wird dann das Männchen in das Terrarium des Weibchens überführt. In der folgenden Zeit sollten Sie dem Verhalten der Tiere gesteigerte Aufmerksamkeit schenken, denn es kommt nicht selten vor, daß ein liebestolles Männchen seinem Weibchen im Eifer des Gefechts mehr oder minder schwere Verletzungen zufügt.

Die Chancen für eine erfolgreiche Zucht von Grünen Leguanen sind größer, wenn man sie zumindest zeitweise im Freien halten kann. Ungefiltertes Sonnenlicht und viel Bewegungsfreiheit sind Schlüssel zum Erfolg. Foto: I. Francais

Wenn keine ernsten Probleme auftreten, läßt man das Paar über einen Zeitraum von zwei bis drei Wochen zusammen, so daß sich die Tiere mehrmals paaren können und eine Befruchtung des Weibchens sichergestellt ist. Anschließend wird das Männchen wieder in sein eigenes Terrarium umgesetzt. Es ist ratsam, auch jedem potentiell trächtigen Weibchen sein eigenes Terrarium zuzugestehen, falls man im Besitz von mehr als einem Zuchtpaar ist.

Es dauert nicht lange, bis die Trächtigkeit des Weibchens offensichtlich

Schöne Jungtiere von Grünen Leguanen wie dieses hier sind der Traum eines jeden Leguanzüchters. Leider reicht die Anzahl der Nachzuchten jedoch noch nicht aus, um auf Importe von Wildfängen ganz verzichten zu können. Foto: I. Francais

wird, denn die heranwachsenden Eier lassen seinen Leib zusehends anschwellen und verleihen ihm ein plumpes und schließlich beuliges Aussehen. Bereits im Frühstadium der Trächtigkeit sollte das Weibchen zusätzliche Vitamin- und Mineralstoffgaben erhalten. Besonders wichtig sind erhöhte Calciumgaben, damit die Ausbildung von festen Eischalen nicht anschließend zu einem Calciummangel führt. Die Tragzeit beträgt im Mittel 70 Tage, kann jedoch abhängig von den herrschenden Umgebungstemperaturen auch länger oder kürzer sein. Etwa drei Wochen vor der Eiablage stellt das Weibchen gewöhnlich die Futteraufnahme ein, zeigt dafür aber ein gesteigertes Trinkbedürfnis.

Die Eiablage

Wer seinem Grünen Leguanweibchen nicht ein wirklich großes Terrarium zur Verfügung stellen kann, wird kaum in der Lage sein, ihm naturgetreue oder zumindest annähernd optimale Ablagemöglichkeiten zu bieten. Sie können dem Tier jedoch eine künstlich nachempfundene Nisthöhle anbieten, die aus einer Holzkiste mit einem seitlichen Eingangsloch besteht und zu etwa drei Vierteln mit einer leicht feuchten Substratmischung aus 50 % Sand und 50 % Blumenerde gefüllt ist. Mit etwas Glück wird das

trächtige Weibchen diese Kunsthöhle akzeptieren und sich in dem Substrat eine Ablagekuhle graben. Anderenfalls wird es die Eier willkürlich im gesamten Terrarium verteilen, wodurch es häufig dazu kommt, daß zumindest einige Eier beschädigt werden. Es ist ausgesprochen wichtig, das Weibchen unter ständiger Beobachtung zu halten, sobald sich der Legezeitpunkt nähert, so daß Sie die Eier sobald wie möglich nach der vollständigen Ablage bergen und in einen Inkubator (Brutkasten) überführen können. Die Eier von Grünen Leguanen sind weiß, haben eine ledrige Schale, wiegen zwischen 10 und 12 Gramm und weisen im Mittel eine Größe von 35 x 25 mm auf.

Nach der Paarung werden die Leguane wieder in getrennte Terrarien umgesetzt. Dem Weibchen sollte ungedingt sein eigenes Terrarium zugeteilt werden.

Die Inkubation der Eier

Nach der Eiablage werden die Eier vorsichtig geborgen und ohne sie zu

Grüne Leguane besitzen eine vergrößerte, perlartige Schuppe unterhalb der Ohröffnung. Diese ist bei ihrem engsten Verwandten, *I. delicatissima*, nicht vorhanden.
Foto: I. Francais

drehen in einen vorbereiteten Inkubator überführt. Die Eier sollten so in das Substrat eingebettet werden, daß sie sich nicht gegenseitig berühren. Geraten Sie nicht in Panik, wenn einige Eier eine etwas faltige Oberfläche zeigen – das ist völlig normal und gibt sich schon bald nachdem die Eier anfangen, durch die Schale hindurch Feuchtigkeit aufzunehmen.
Ein geeigneter Inkubator kann aus einem einfachen Plastikbehälter bestehen, der ein Zeitigungssubstrat wie Vermiculit oder einer Mischung aus Hydrogranulat und Aktivkohle

aus dem Aquarienfilter (3 Teile Granulat + 1 Teil Kohle) enthält. Die Aktivkohle besitzt fungizide Eigenschaften und hilft so, das Verpilzen der Eier zu verhindern. Einige Terrarianer verwenden auch ein Sand-Erde-Gemisch, jedoch ist die Feuchtigkeitskontrolle hierbei sehr schwierig und somit die Gefahr des Austrocknens oder Verpilzens der Eier höher als bei den beiden zuvor genannten Substraten. Das Substrat wird gründlich durchgespült und das überschüssige Wasser abgegossen, so daß das Substrat zwar feucht, keinesfalls aber naß ist. Dieser Behälter wird mit einem gut schließenden Deckel geschlossen, der mit einigen kleinen Lüftungslöchern versehen ist. Bei zu wenigen Lüftungslöchern kommt es zu einem Feuchtigkeits- und Luftstau, bei zu vielen oder zu großen zu einem zu hohen Feuchtigkeitsverlust und schwankenden Temperaturen. Die Eier werden nun in das Substrat gebettet und zwar so, daß sie nur zu ungefähr zwei Dritteln im Substrat eingegraben sind. Das obere Drittel wird nicht mit Substrat abgedeckt. Dann kommt der Deckel darauf, und der Inkubator wird an einen warmen Platz gestellt, wo konstante Temperaturen herrschen. Zu diesem Zweck kann auch ein Wärmestrahler oder eine schwache Unterbodenheizung verwendet werden. Die erforderlichen Inkubationstemperaturen bewegen sich zwischen 25 und 30 °C.
Eine Alternative zu dem eben beschriebenen sehr einfachen Inkubator ist eine etwas professionellere Ausführung. Der Plastikbehälter wird

wie beschrieben vorbereitet, jedoch nicht mit einem Deckel verschlossen. Stattdessen wird er in einen größeren Glas- oder Plastikbehälter gestellt. Dieser wird bis ungefähr zur halben Höhe des kleineren Plastikbehälters mit Wasser gefüllt, das mittels einer thermostatgesteuerten Aquarienheizung auf etwa 29 bis 31 °C aufgeheizt wird. Das Ganze ist mit einer leicht schräg liegenden Glasscheibe abzudecken. So sorgt das beheizte Wasser für die erforderliche Luftfeuchte und Wärme, das Thermostat hält die Temperatur konstant und die schräge Abdeckscheibe verhindert, daß das entstehende Schwitzwasser auf die Eier tropfen kann, denn viele Reptilieneier reagieren auf den direkten Kontakt mit Wasser sehr empfindlich. Es empfiehlt sich außerdem, auch den kleinen Behälter mit den Eiern durch eine schrägliegende Scheibe abzudecken, damit die Jungtiere nach dem Schlupf nicht herauskriechen und ins Wasser fallen können. In beiden Fällen werden die Inkubatoren etwa einmal wöchentlich für wenige Minuten zum Zweck des Luftaustausches geöffnet.

Wenn alles seinen natürlichen Gang geht, sollten die Jungen nach einer Inkubationsdauer von etwa 70 Tagen schlüpfen. Die Schlüpflinge müssen sobald wie möglich nach dem Schlupf aus dem Inkubator genommen und in ein Aufzuchtterrarium überführt werden. Ein solches Aufzuchtterrarium sollte von seiner Einrichtung her dem der Alttiere entsprechen, kann jedoch kleiner sein. Es ist wichtig, daß die Luftfeuchtigkeit in diesem Terrarium während der ersten Wochen stets hoch ist, damit es bei der ersten Häutung nicht zu Problemen kommt. Nachdem die Jungen die Dotterreste aufgebraucht haben, was einige Tage dauern kann, sollten sie mit der selbständigen Nahrungsaufnahme beginnen (Futter und Fütterungsintervalle siehe Kapitel Ernährung).

Viele Züchter sind der Ansicht, daß frischgeschlüpfte Grüne Leguane noch nicht über eine intakte Darmflora verfügen und deshalb ihre Nahrung nicht vollständig verdauen können. Um dem Abhilfe zu schaffen und das Verdauungssystem der Jungtiere mit den erforderlichen Mikroben zu „bestükken", sei es notwendig, daß die Jungtiere den Kot der Alttiere fressen. Da die Jungtiere jedoch von diesen separat aufgezogen werden müssen, sollte man kleine Kotmengen aus dem Terrarium der Eltern entnehmen und diese unter die ersten zwei bis drei Mahlzeiten für die Jungen mischen, vorausgesetzt natürlich, die Alttiere sind frei von Darmparasiten. Dieses Verhalten des Kotfressens konnte auch bereits mehrfach bei Jungtieren in der Natur beobachtet werden.

Gesundheitspflege

Ein Grüner Leguan, der unter optimalen Bedingungen gepflegt und mit einer ausgewogenen und gehaltvollen Ernährung versorgt wird, sollte sich bester Gesundheit erfreuen. Tatsächlich stehen die meisten Krankheiten, die in Terrarien ausbrechen, direkt oder indirekt in Zusammenhang mit nicht artgerechten Haltungsbedingungen oder einer ungesunden Ernährungsweisen.

Die Hygiene ist die Wissenschaft von der Vorbeugung gegen Erkrankungen und somit ein wichtiger Schlüssel zu gesunden Tieren. Reinlichkeit muß für einen Reptilienpfleger oberstes Gebot sein. Untersuchen Sie Ihren Grünen Leguan regelmäßig und machen Sie sich mit ihm und seinem Verhalten so gut vertraut, daß Sie umgehend jede Veränderung in seinem Erscheinungsbild oder Verhalten bemerken. Derartige Veränderungen können frühzeitige Anzeichen für ein sich entwickelndes Gesundheitsproblem sein.

Viele Erkrankungen können erfolgreich behandelt werden, wenn sie beizeiten erkannt werden, während viele dieser Gesundheitsstörungen einen

Viele Topfpflanzen sind giftig, weshalb ein Grüner Leguan niemals unbeobachtet frei in der Wohnung herumstreunen sollte. Der Lebensraum des Menschen birgt viele Gefahren für ihn. Foto: I. Francais

tödlichen Verlauf nehmen, wenn sie zu spät erkannt und behandelt werden. Die meisten bei Grünen Leguanen auftretenden Erkrankungen müssen von einem im Umgang mit diesen Tieren vertrauten Veterinärmediziner behandelt werden. Glücklicherweise gibt es heute bereits eine größere Anzahl von Tierärzten, die mit der Behandlung von Reptilien vertraut sind und sich sogar darauf spezialisiert haben.

Um ein Terrarium nicht zu einer Brutstätte für Bakterien, Pilze und andere Krankheitserreger werden zu lassen, muß es in regelmäßigen Abständen einer Generalreinigung unterzogen werden. Wie häufig das zu geschehen hat, hängt von der Terrariengröße, der Art der Einrichtung und dem Tierbesatz ab. Generell sind Kot und Futterreste (tote Futtertiere und Reste von Grünfutter) zu entfernen, sobald sie vom Halter entdeckt werden. Das Trink- oder Badewasser sollte täglich erneuert werden.

Je häufiger und gründlicher die kleinen, wenig zeitaufwendigen Zwi-

Manches Terrarium ist für Grüne Leguane zu trocken. Bäder in lauwarmem Wasser, ein bis zweimal wöchentlich, sind eine Lösung für dieses Problem. Foto: I. Francais

schenreinigungen durchgeführt werden, desto größer können die Abstände zwischen den Generalreinigungen sein, bei denen das Terrarium komplett ausgeräumt wird, alle wiederverwendbaren Gegenstände gründlich mit Seifenwasser abgeschrubbt, mit kochendem Wasser abgekocht und mit klarem Wasser abgespült werden. Verschiedene Einrichtungsteile müssen aus Sicherheitsgründen durch neue ersetzt werden. Das Terrarium selbst wird ebenfalls gründlich ausgewaschen. Als nicht wiederverwendbar gelten alle Gegenstände, die eine rauhe oder rissige Oberfläche haben und nicht abgekocht oder abgebrüht werden können.

Im Fall von Krankheitsausbrüchen sollte sich der Halter durch das Tragen von Einweghandschuhen vor einer Infektion mit Zoonosen (auf den Menschen übertragbare Krankheiten) schützen. Es ist generell dazu zu raten, sich nach der Handhabung von Reptilien und Arbeiten in den Terrarien gründlich die Hände zu waschen. Wenn mehrere Terrarien vorhanden sind, sollten die Hände auch zwischendurch gewaschen und die Handschuhe gewechselt werden, denn nur so kann die Verbreitung eventuell vorhandener Krankheitserreger von einem Terrarium auf das nächste verhindert werden. Aus diesem Grunde sollten auch für jedes Terrarium separate „Werkzeuge“ (Futterpinzetten, Wasser- und Freßnäpfe, usw.) verwendet werden.

Einige häufiger bei Grünen Leguanen auftretende Krankheiten

Außenparasiten

Zecken und Milben repräsentieren die am häufigsten bei Reptilien auftretenden Außenparasiten, und sie sind

nicht nur auf Wildfängen zu finden. Beide sind Vertreter der Ordnung Acari, einem Teil der Klasse Arachnida, zu der auch die Spinnen gehören. Genau wie Spinnen besitzen ausgewachsene Milben und Zecken acht Beine, jedoch sind bei den Nymphen im ersten Entwicklungsstadium nur sechs vorhanden.

Zecken treten gewöhnlich in nur kleinen Stückzahlen auf und können manuell entfernt werden. Zu diesem Zweck betupft man den Hinterleib dieser rundlichen, 3 bis 6 mm großen Tracheenatmer mit etwas Alkohol, wodurch ihre Atmung blockiert wird und sie den Biß lockern. Dann greift man sie direkt hinter dem in die Haut gebohrten Kopf und dreht sie mit leichtem Zug heraus. Es muß darauf geachtet werden, daß dabei der Kopf mit den Mundwerkzeugen nicht abbricht und in der Wunde verbleibt, denn dies kann zu einer Infektion der Bißstelle führen. Aus diesem Grund sollten Sie eine spezielle, im Handel erhältliche Zeckenzange benutzen. Milben sind viel schwerer zu entdecken als Zecken und können zu einer regelrechten Plage werden. Diese winzigen roten Parasiten sind kleiner als ein Stecknadelkopf und können sich überall im Terrarium verstecken und vermehren, wo es dunkel und feucht genug ist. Ein Milbenbefall ist für das befallene Tier mit Streß verbunden und kann in Dermatitis, Anämie und Häutungsproblemen ausarten. Außerdem können Milben genau wie Zecken patho-

Wenn die Möglichkeit besteht, sollte ein Grüner Leguan täglich für kurze Zeit sein Terrarium verlassen und sich ausgiebig bewegen können. Eine Art Laufstall eignet sich zu diesem Zweck am besten und ist sowohl für die Einrichtung als auch für das Tier die sicherste Lösung.
Foto: I. Francais

Dieser Grüne Leguan leidet unter der Schwarzflecken Krankheit, einer ernsthaften Hautinfektion, die mit unsauberen Haltungsbedingungen in Verbindung steht und tierärztliche Hilfe erfordert. Foto: I Francais

gene (krankheitserregende) Organismen übertragen.
Einige wenige Milben bereiten gewöhnlich kein Problem, beginnen sie aber damit, sich zunehmend zu vermehren, sollten alle in dem Terrarium befindlichen Tiere einschließlich des Terrariums und aller Einrichtungsgegenstände mit einem vom Tierarzt empfohlenen Mittel behandelt werden. Es sind viele mehr oder weniger wirksame Produkte erhältlich, von denen allerdings einige für Reptilien gefährlich sind, weshalb man sich hier von einem Fachmann beraten lassen sollte. Alle rauhen, rissigen und nicht wiederverwendbaren Einrichtungsgegenstände wie Substrate, lebende Pflanzen, Kletteräste, Wurzeln und ähnliches müssen in einem solchen Fall unbedingt entsorgt und durch neue ersetzt werden.

Innenparasiten

Die meisten wildlebenden Grünen Leguane dienen einer oder mehreren Arten von Darmparasiten als Wirte. Unter normalen Umständen ist das Wurm-Wirt-Verhältnis ausgeglichen und der Wirt nimmt durch seine Untermieter keinen erwähnenswerten Schaden. Unter der Einwirkung von Streß kann es jedoch zu einer explosionsartigen Vermehrung der Darmparasiten kommen und die Situation für das Wirtstier zu einer Lebensbedrohung werden.

Das Resultat eines starken Wurmbefalles können Darmverschluß, Magersucht, Anämie, schwere Schäden am Darm sowie angrenzenden Organen und letztendlich der Tod sein.
Anhand von Kotuntersuchungen können die Würmer, ihre Larven oder Eier nachgewiesen und identifiziert werden. Die Behandlung erfolgt mit geeigneten Entwurmungsmitteln, die vom Tierarzt der Labordiagnose entsprechend verschrieben werden.

Gastroenteritis

Dieser Begriff wird für eine Reihe von Erkrankungen des Verdauungssystems verwendet, die von unterschiedlichen Organismen wie *Entamoeba, Trichomonas* und *Salmonella* ausgelöst werden. Zu diesen Krankheiten gehören auch Zoonosen (auf den Menschen übertragbar) wie die Salmonellose, die mit größter Vorsicht zu handhaben sind. Hygiene ist hier von ausgesprochener Wichtigkeit.
Infizierte Tiere leiden unter Appetitlosigkeit und Körpermasseverlust, und es kommt häufig zu Durchfall mit losem, wässerigem oder blutdurchzogenem Kot. Ein Grüner Leguan mit derartigen Symptomen muß umgehend separiert und einem Tierarzt vorgeführt werden.
Der Erreger der Erkrankung kann oftmals anhand von Kotuntersuchungen festgestellt werden. Wird eine solche Gesundheitsstörung frühzeitig erkannt, läßt sie sich gewöhnlich erfolgreich mit Medikamenten behandeln. Eine zu spät einsetzende Behandlung ist hingegen nur in wenigen Fällen erfolgversprechend.
Grüne Leguane gehören zu den Tieren, bei denen Salmonellen einen natürlichen Bestandteil der Darmflora darstellen. Es ist deshalb sehr wichtig, daß Sie sich nach jeder Handhabung Ihrer Tiere gründlich die Hände waschen, um eine Infektion mit Salmonellen zu verhindern.

Atemwegserkrankungen

Derartige Krankheiten treten gewöhnlich dann auf, wenn ein Grüner Leguan stark unter Streß steht und sind häufig das Ergebnis von zu niedrigen Haltungstemperaturen. Für eine erfolgreiche Behandlung ist das frühzeitige Erkennen der Symptome sehr wichtig.
Unter Atemwegserkrankungen leidende Grüne Leguane sind lethargisch, appetitlos, laufen mit offenem Maul herum und lassen Anzeichen für Atmungsprobleme erkennen. In fortgeschrittenem Stadium sind deutliche Schleimablagerungen um das Maul und die Nasenlöcher zu sehen, und das Tier wird zunehmend schwächer. Läßt Ihr Grüner Leguan derartige Symptome erkennen, muß

Obwohl früher angenommen wurde, daß junge Grüne Leguane überwiegend insectivor wären, wissen wir heute, daß eine solche Ernährungsweise schwere Gesundheitsprobleme verursachen kann. Grüne Leguane sollten deshalb von klein auf an vegetarisch ernährt werden.
Foto: M. Bacon

er umgehend von anderen Tieren getrennt, bei auf 30 bis 35 °C erhöhten Temperaturen gehalten und schnellstmöglich einem Tierarzt vorgeführt werden.

Ernährungsbedingte Erkrankungen

Derartige Erkrankungen sind ebenfalls zu verhindern, denn ihre Ursache liegt einzig und allein in einer mangel- oder fehlerhaften Ernährung. Dabei handelt es sich meistens um Vitamin- oder Mineralstoffmangel (Hypovitaminosen, Calciummangel), die Überdosierung von Vitamin- oder Mineralstoffsupplementen (Hypervitaminosen, zuviel Calcium oder Vitamine), ungeeignete Futtersorten (zuviel tierisches Protein für herbivore Arten, Unausgeglichenheit des Calcium-Phosphor-Verhältnisses), zuviel oder zu wenig Futter (Magersucht, Fettleibigkeit), zu große Futterbrocken (schlechte Verdauung, Wiederauswürgen), keine oder eine zu intensive UV-Bestrahlung (führt zu Vitaminmangel und Knochenerweichung), abgestandenes/verschmutztes Trinkwasser (Bakterieninfektionen) oder eine generell einseitige Ernährung (Resultat: Mangelerscheinungen).

Die metabolische (stoffwechselbedingte) Knochenerkrankung ist das Ergebnis eines Calciummangels und macht sich bei jungen Grünen Leguanen häufig durch einen weichen Unterkiefer sowie Deformationen der Wirbelsäule und der Gliedmaßen bemerkbar. Bei älteren Exemplaren kann es zu Osteoporose und fibröser Osteodystrophie kommen. Symptome dafür können geschwollene Kiefer und Hinterbeine sein – besonders im Gelenkbereich – die dem Tier die Futteraufnahme und Fortbewegung erschweren. In fortgeschrittenen Fällen kommt es leicht zu Brüchen der Gliedmaßen, weil die Knochen bereits zu schwach sind, um die Masse des Tieres zu tragen.

Derartige Erkrankungen können verhindert werden, indem die Tiere mit ausreichenden Mengen von leicht zu absorbierendem Calcium in ihrer Ernährung versorgt werden. Allerdings sind diese Calciummengen nur dann wirksam, wenn das Calcium-Phosphor-Verhältnis 2:1 oder mehr beträgt, das Tier zusätzlich genug Vitamin D3 erhält, um das Calcium verarbeiten zu können und die Dosierung des UV-Lichts stimmt. Bei einer ausgewogenen Ernährung, regelmäßigen Vitamin- und Mineralstoffgaben und einer entsprechenden UV-Bestrahlung dürfte es zu solchen Gesundheitsstörungen gar nicht erst kommen.

Ein Vitamin-B-Mangel ist durch Lähmungserscheinungen der Hinterbeine und des Schwanzes zu erkennen.

Seinen Leguan falsch zu ernähren, bedeutet nicht nur, ihm das falsche Futter anzubieten, sondern auch die falsche Futtermenge. Links sehen Sie einen etwas verfetteten Leguan. Foto: Dr. J. Schmidt

Auch hier sollte es durch eine ausgewogene Ernährung erst gar nicht dazu kommen lassen. Passiert es dennoch und wird der Zustand frühzeitig korrekt diagnostiziert, läßt sich der Schaden durch zusätzliche Vitamin-B-Gaben schnell wieder beheben. Eine kleine Menge eines entsprechenden Pulverpräparates wird zu diesem Zweck einmal wöchentlich über das Futter gestreut. Von einem Tierarzt verabreichte Vitami- B-Injektionen führen jedoch gewöhnlich zu einem schnelleren und besseren Erfolg.

Die Eingeweidegicht ist eine bei Grünen Leguanen häufiger auftretende Erkrankung, die durch zu große Mengen tierischen Proteins ausgelöst wird. Die hauptsächlich dafür verantwortlichen Futtersorten sind Fleisch (roh oder gekocht) und kommerzielles Hunde- oder Katzenfutter. Größere Mengen derartigen Futters führen zur Bildung von Harnkristallen in den inneren Organen, was wiederum in Funktionsstörungen dieser Organe und letztlich im Tod des Tieres resultiert. Die beste Vorbeugung ist in diesem Fall der vollständige Verzicht auf diese Futtersorten.

Eine Hypervitaminose D wird bei adulten Grünen Leguanen durch überdosierte Vitamin-D3-Gaben ausgelöst. Dieser Zustand führt dazu, daß überschüssiges Calcium im Gewebe abgelagert wird, was eine Calcifizierung der inneren Organe zur Folge hat. Vitamin D3 unterstützt die Absorbtion von Calcium aus den Organen in den Blutkreislauf, und während junge Grüne Leguane all dies Calcium für die Ausbildung ihres Knochenbaues verbrauchen, kommt es bei den Erwachsenen zu einem Überschuß, denn sie haben ihr Wachstum ja bereits weitgehend abgeschlossen. Die häufig an Grüne Leguane verfütterten Affen- und Hundepellets enthalten große Mengen von Vitamin D3. Wer also auf diese Futtersorten nicht verzichten will, sollte die Gaben auf ein Minimum reduzieren – nicht mehr als 5 % der Ernährung – um das Risiko für die Entstehung diesbezüglicher Gesundheitsstörungen soweit wie möglich zu vermindern.

Verletzungen

Haut- und Fleischwunden sowie Knochenbrüche können durch kämpferische Auseinandersetzungen, Ausbruchsversuche, scharfkantige Einrichtungsgegenstände, zusammenbrechende Steinhöhlen und unter anderem Verbrennungen, entstehen. Die meisten solcher Verletzungen sind durch Umsicht und Aufmerksamkeit seitens des Halters zu verhindern.

Oberflächliche Wunden können mit einem milden Antiseptikum gereinigt und behandelt werden, wohingegen tiefere Wunden und Knochenbrüche in jedem Fall eine Behandlung durch einen erfahrenen Tierarzt verlangen.

Aufgestoßene oder aufgescheuerte Schnauzen sind bei nervösen Tieren keine Seltenheit. Sie sind meistens das Ergebnis von permanentem Stoßen oder Reiben der Schnauze an Lüftungsgittern oder Terrarienwänden mit dem Ziel, dem Terrarium zu entkommen. Aus diesem Grunde müssen derart nervöse Grüne Leguane sehr langsam und vorsichtig eingewöhnt werden, damit es erst gar nicht zu Verletzungen kommt. Auch hier kann die Hilfe eines Tierarztes nötig sein, wenn es sich um großflächige, tiefe oder infizierte Wunden handelt.

Verletzungen des Leguans sind durch Umsicht und Aufmerksamkeit seites des Halters meist zu vermeiden. Sollte der Leguan dennoch eine oberflächliche Wunde haben, so kann diese mit einem milden Antiseptikum gereinigt werden. Größere Wunden sollten auf jeden Fall vom Tierarzt behandelt werden.

Verwandte Arten

Bis vor gar nicht allzulanger Zeit war die Familie Iguanidae eine der größten Echsenfamilien. Sie umfaßte mehr als 700 Arten, die auf über 50 Gattungen verteilt waren. Im Jahre 1991 veröffentlichten die Herpetologen Darrel Frost und Richard Etheridge eine Arbeit („A phylogenetic analysis and taxonomy of iguanian lizards (Reptilia: Squamata)" – Univ. Kansas Mus. Nat. Hist., Misc. Publ., 81), in der sie vorschlugen, die bis dahin bestehende Iguanidae in nicht weniger als acht separate Familien zu unterteilen. Diese Auffassung wurde von der Wissenschaft weitestgehend akzeptiert. Die Gattung *Iguana* gehört jedoch zusammen mit weiteren sieben Gattungen mit überwiegend großen Arten weiterhin zur Familie Iguanidae.

Amblyrhynchus

Diese Gattung umfaßt nur eine Art, *Amblyrhynchus cristatus*, die einzigartige Meerechse von den Galapagos Inseln (Ecuador). Die Berechtigung verschiedener Unterarten wird derzeit diskutiert. Die meisten Terrarianer kennen diese Echse aus Dokumentationen über den Galapagos Archipel.

Die Körpertemperatur von Meerechsen, *Amblyrhynchus cristatus*, kann beim Sonnenbaden auf fast 40 °C steigen und während des Tauchens im kalten Meer bis auf 10 °C abfallen. Foto: W.B. Allen

Meerechsen sind die einzigen Echsen, die ausschließlich im Meer fressen. Sie sind ausgezeichnete Schwimmer und Taucher und können sich über einen relativ langen Zeitraum unter Wasser aufhalten. Hier weiden sie Seegras, den Hauptbestandteil ihrer Ernährung, ab.
Es handelt sich um große Tiere mit einer Gesamtlänge von 120 bis 150 cm. Meerechsen sind dunkel gräulich braun gefärbt, jedoch zeigen die Männchen während der Paarungszeit leuchtend rote, über die Körperseiten verteilte Flecken. Die Art ist streng geschützt, weshalb zu vermuten steht, daß sie niemals in einem privaten Terrarium als Pflegling antreffen wird. In Anbetracht der überaus spezialisierten Lebensweise dieser Echsen kann diese Tatsache nur begrüßt werden.

Brachylophus

Die Pazifik-Leguane stammen ursprünglich lediglich von zwei der Inselgruppen – den Fidschi- und Tonga Inseln im südlichen Pazifischen Ozean. Bei den beiden dort vorkommenden Arten handelt es sich um den Fidschileguan, *Brachylophus fasciatus,* und den Kurzkammleguan, *B. vitiensis.*

Der Fidschileguan, *Brachylophus fasciatus,* lebt auf Fidschi und Tonga und ist gesetzlich streng geschützt. In den USA und in Europa ist bereits in mehreren Zoos die Nachzucht gelungen. Foto: Z. Takacs

Diese beiden ausgesprochen farbenfrohen Arten können eine Gesamtlänge von 55 bis 70 cm erreichen. Auch sie sind gesetzlich äußerst streng geschützt und werden deshalb kaum in einem Terrarium zu sehen sein, obwohl sie in einigen Zoos erfolgreich vermehrt werden.

Conolophus

Hier haben wir es wieder mit einer Gattung zu tun, die wahrscheinlich nur eine Art umfaßt und auf den Galapagos Inseln heimisch ist – *Conolophus subcristatus,* der Drusenkopf. Dieses bis über einen Meter messende Reptiel lebt dort vergesellschaftet mit der Meerechse. Die Tiere sind sehr kräftig gebaut und überwiegend bräunlich gefärbt. Sie ernährt sich von verschiedenen grünen Blättern und Kaktusfleisch.
Die Isolierung auf einzelnen Inseln hat zur Ausprägung populationstypischer Merkmale geführt, so daß einige Herpetologen eine zweite Art

Schwarze Leguane müssen sehr warm gehalten und von einem Tierarzt entwurmt werden, damit sie im Terrarium gedeihen. Hier ein Schwarzleguan, *Ctenosaura pectinata.* Foto: R.S. Simmons

Unglücklicherweise verblaßt die leuchtende und auffällige Farbzeichnung dieses *Ctenosaura similis* mit zunehmendem Alter zu einer dunkelbraunen oder schwarzen Färbung. Foto: R.D. Bartlett

(C. pallidus) sowie einige Unterarten anerkennen.
Die Echsen gelten als vom Aussterben bedroht und stehen unter strengem Schutz, so daß sie für den Terrarianer nicht erhältlich sind.

Ctenosaura

Die Schwarzen oder Schwarz-Leguane stammen aus Zentralamerika. Die vermutlich bekannteste der etwa zwölf Arten ist *C. pectinata*, die auch relativ häufig erhältlich ist.
Diese Art besitzt einen niedrigen Rückenkamm, einen mit Stachelfortsätzen bewehrten Schwanz und kann eine Gesamtlänge von bis zu 120 cm erreichen. Die Jungtiere sind überwiegend grünlich gefärbt, verfärben sich jedoch mit zunehmendem Alter ins gelblich Braune und zeigen als Alttiere eine dunklere Fleckenzeichnung.
Schwarzleguane stellen ähnliche Haltungs- und Ernährungsansprüche wie Grüne Leguane, verlangen jedoch einen höheren Insektenanteil in ihrer Ernährung. Einige Arten der Gattung bleiben relativ klein.

Cyclura

Die Wirtelschwanzleguane sind auf vielen der Karibischen Inseln beheimatet. Von diesen großen, bis zu 150 cm langen Echsen werden derzeit

Ctenosaura quinquecarinata wird gelegentlich in den USA angeboten. Sie wird nur etwas über 30 cm lang. Foto: R.D. Bartlett

Dieser Fidschileguan, *Brachylophus fasciatus,* zeigt die leuchtenden Farben eines erwachsenen Männchens. Wie der Grüne Leguan zeigt auch er stark aboreale und überwiegend herbivore Lebensweise.
Foto: P. Freed

etwa acht Arten und etliche Unterarten anerkannt. Die meisten dieser Formen gelten in der Natur als in ihrem Fortbestand akut gefährdet oder bedroht und werden deshalb im Listenanhang I des Washingtoner Artenschutzabkommens (CITES) geführt. Obwohl ansteigende Nachzuchterfolge einiger Formen dazu beigetragen haben, daß diese hin und wieder im Angebot auftauchen, bleiben sie durch die geforderten extrem hohen Preise nach wie vor für den Hobbyterrarianer nahezu unerschwinglich.

Die vermutlich bekannteste Art, *Cyclura cornuta,* der Nashornleguan, stammt von der Insel Hispaniola. Er ist überwiegend terrestrisch und erreicht eine durchschnittliche Länge von etwa 110 cm. Die Tiere sind kräftig gebaut, widerstandsfähig und besitzen einen relativ großen Kopf. Die drei hornartigen Schuppen auf der Schnauze, die bei den Männchen stärker ausgebildet sind als bei den Weibchen, sind für den Trivialnamen „Nashornleguan" verantwortlich. Obwohl die Tiere weder farbenprächtig – sie sind einfarbig dunkelgrau – noch besonders fügsam sind, erfreuen sie sich aufgrund ihres bizar-

Alle Wirtelschwanzleguane der Karibischen Inseln sind gesetzlich streng geschützt und deshalb nicht erhältlich. Die Nominatunterart *Cyclura n. nubila* taucht zwar ab und zu auf Großhändlerlisten auf, ist jedoch unerschwinglich teuer.
Foto: K.H. Switak

Obwohl überwiegend herbivor, nimmt der Drusenkopf, *Conolophus subcristatus,* auch gelegentlich tierisches Futter zu sich.
Foto: K.H. Switak

ren Aussehens dennoch einer bemerkenswerten Beliebtheit.
Nashornleguane sind überwiegend herbivor, fressen jedoch auch gerne kleinere Mengen tierischen Futters.

Dipsosaurus

Der Wüstenleguan, *Dipsosaurus dorsalis,* repräsentiert die einzige Art dieser Gattung. Er ist ein ansprechender kleiner Leguan, der im Südwesten der Vereinigten Staaten, im Norden von Mexiko, sowie auf einigen Inseln im Golf von Kalifornien beheimatet ist. Es werden mehrere Unterarten anerkannt.

Auch diese Art ist nur selten erhältlich, jedoch besteht die Möglichkeit, daß die anhaltenden Zuchtbemühungen schon bald von Erfolg gekrönt werden und sich dieser Zustand somit in näherer Zukunft ändern könnte. Werden die Tiere warm genug und trocken gehalten, erweisen sie sich als sehr dankbare Pfleglinge.
Die Art erreicht eine Länge von maximal 40 cm, besitzt einen sehr robusten Körperbau und einen ausgesprochen niedrigen Rückenkamm. Die Färbung reicht von blaß braun bis cremefarben mit dunkleren netzförmigen Zeichnungselementen und Flecken.
Wüstenleguane sind überwiegend her-

Diese *Dipsosaurus dorsalis* (Wüstenleguane) sind relativ preiswert und sehr ansprechend. Sie haben eine Vorliebe für scharfe Kräuter wie Rosmarin und Salbei. Foto: U.E. Friese

Da die meisten angebotenen Wüstenleguane, *Dipsosaurus dorsalis,* Wildfänge sind, sollten sie gründlich auf Parasiten und andere Gesundheitsprobleme hin untersucht werden. Foto: A. Norman

Nashornleguane, *Cyclura cornuta,* werden gelegentlich angeboten. Dabei handelt es sich allermeistens um Nachzuchten, die sich gewöhnlich in einem guten Gesundheitszustand befinden. Foto: A. Norman

bivor und ernähren sich von der Wüstenvegetation. Im Terrarium sollte die Ernährung aus einer Auswahl an Grünfutter, Früchten, Samen und Gemüse bestehen. Die Art verlangt am Sonnenbadeplatz sehr hohe Temperaturen von über 38 °C, jedoch müssen die Werte nachts auf 18 °C abfallen.

Sauromalus

Diese Gattung umfaßt die sogenannten Chuckwallas. Die bekannteste der sechs Arten ist der Gewöhnliche Chuckwalla, *Sauromalus obesus*. Für diese Art werden vier Unterarten anerkannt, die vom Südwesten der Vereinigten Staaten bis nach Mexiko hinein verbreitet sind. Alle Arten und Unterarten stehen unter strengem gesetzlichen Schutz, obwohl der Gewöhnliche Chuckwalla relativ häufig erhältlich ist.

Mit einer Länge von etwa 40 cm ist der Gewöhnliche Chuckwalla eine eher dicklich wirkende Art – genaugenommen ist er einem Leguan unähnlicher als jeder andere Vertreter der Familie. Für einen Leguan legt er auch ein eher ungewöhnliches Abwehrverhalten an den Tag. Er zwängt sich in eine Steinhöhle und verkeilt sich dort, indem er seine Lungen wie Ballons mit Luft aufpumpt. Die Geschlechter lassen sich deutlich anhand ihrer unterschiedlichen Färbung unterscheiden. Jungtiere und

Weibchen zeigen eine gräuliche Grundfarbe mit gelblichen Querbinden, wohingegen die erwachsenen Männchen einen schwarzen Kopf sowie schwarze Vorderbeine aufweisen, die sich deutlich von dem rot, grau oder gelb gefärbten Rest des Körpers abheben. Es gibt auffällige lokal

Sauromalus varius, der Mexikanische Chuckwalla, ist eine gesetzlich geschützte Art aus Mexiko. Die amerikanische Art, *S. obesus*, wird dagegen häufiger angeboten. Hier *Sauromalus varius*. Foto: S. McKeown

verbreitete Farbvarietäten und Farbveränderungen, die mit der Umgebungstemperatur in Zusammenhang stehen – die Farben werden, wenn die Tiere in der Sonne liegen, deutlich leuchtender.

Der Gewöhnliche Chuckwalla ist ausschließlich herbivor und ernährt sich von zahlreichen Wüstenpflanzen, paßt sich jedoch als Jungtier gut an die im Terrarium angebotenen Futterpflanzen an. Auch hier werden an den Sonnenplätzen tagsüber Temperaturen von 38 °C mit einer starken nächtlichen Absenkung verlangt.